독도는 환상의 섬인가?

이영훈의 독도 인식, 그 허구를 밝힌다

유미림·이기봉

유미림

이화여자대학교 정치외교학과에서 석사 및 박사 학위를 받았다. 2006
년부터 한국해양수산개발원 독도연구센터에서 연구했고, 2011년 개인
연구소 한아문화연구소를 설립하여 독도 연구에 종사하고 있다. 대표
저서로는 《우리 사료 속의 독도와 울릉도》,《일본 사료 속의 독도와 울
릉도》,《팩트체크 독도》 등이 있다.

이기봉

서울대학교 지리학과에서 석사 및 박사 학위를 받았다. 2002년부터
규장각한국학연구원에서 연구원으로 일했고, 2009년부터 국립중앙도
서관 학예연구사로 재직하고 있다. 대표 저서로는 《슬픈 우리 땅이름
- 배개에서 독섬까지》,《우산도는 왜 독도인가》,《조선의 지도 천재들》
등이 있다.

독도는 환상의 섬인가?
이영훈의 독도 인식, 그 허구를 밝힌다

초판 1쇄 인쇄   2020. 10. 13.
초판 1쇄 발행   2020. 10. 21.

지은이   유미림·이기봉
펴낸이   김경희
펴낸곳   (주)지식산업사
본사 ● (10881)경기도 파주시 광인사길 53
전화: 031 - 955 - 4226~7 팩스: 031 - 955 - 4228
서울사무소 ● (03044)서울시 종로구 자하문로6길 18 - 7
전화: 02 - 734 - 1978, 1958 팩스: 02 - 720 - 7900
누리집   www.jisik.co.kr
전자우편   jsp@jisik.co.kr
등록번호   1 - 363
등록날짜   1969. 5. 8.

책값은 뒤표지에 있습니다.

ⓒ 유미림·이기봉, 2020
    ISBN 978 - 89 - 423 - 9082 - 3(03910)

독도는 환상의 섬인가?

이영훈의 독도 인식, 그 허구를 밝힌다

유미림·이기봉

지식산업사

일러두기

1. 이 책에서는 한글 한자 형식이 아니라 한글(한자) 형식으로 표기한다.
   예: 독도(獨島)
2. 옛 문헌에 기록된 한자 지명의 경우, 한자 그대로 기록하는 것을 원칙으로 한다.
3. 울릉도 동쪽의 竹島처럼 논쟁이 되는 경우, '竹島(댓섬)'이라는 형식으로 표기한다.
4. '표기 지명'(불리던 지명) 뒤의 조사는 한자음이 아니라 괄호 안에 적은 '불리던 지명'을 이어 적었다.
   예: 竹島(댓섬)을
5. 원문을 인용하거나 논지 전개를 위해 한자만 표기한 경우도 있다.

책머리에

1.

'독도' 연구는 그 스펙트럼이 어떤 주제보다 넓다. 그렇다고 해서 비전문가가 이 주제를 섣불리 다루는 것은 매우 위험하다. 그런데도 한국에서 독도 연구는 누구나 할 수 있는 주제가 되었고, 그런 만큼 누구도 제대로 하지 못하고 있는 상황이다. 그리고 잘못된 연구 성과는 때로는 언론인의 이름으로, 때로는 문화평론가 혹은 방송인의 이름으로 세상에 소개된다. 이것이 더 큰 문제다. 과장되고 왜곡된 사실이 전파되어 또 다른 도그마를 만들어 내기 때문이다.

필자에게 '독도' 연구는 하면 할수록 어렵고, 또한 두렵기까지 하다. 사실로 믿었던 것이 사실이 아님을 밝혀 줄 새 사료가 나올 가능성은 늘 있기에 어렵고, 독도에 대한 한국인의 애정이 지나쳐서 자신의 견해와 다른 견해를 적대시하기에 두렵다. 어려움은 필자 자신이 느끼는 문제고, 두려움은 사회 분위기로 말미

않는다. 또한 예전에 쓴 글 가운데 오류가 있음을 발견할 때도 있다. 그래서 책을 낼 때마다 어렵고 두렵다.

그런데 이런 상황과는 전혀 다른 성격의 책이 나와 사회에 큰 반향을 일으켰다. 《반일 종족주의》가 그것이다. 이어 후속편으로 《반일종족주의와의 투쟁》이 나왔다. 두 책에서 다룬 '독도'는 독도가 우리 땅임을 굳게 믿고 있는 한국인의 애정에 찬물을 끼얹는 연구서로서, 아니 연구서라기보다는 개인의 일방적인 주장에 가깝지만, 선행 연구서와도 확연히 달랐다. 그런데 그 주장은 일본의 주장과 묘하게도 닮아 있다. 아니 일본인의 구미에 딱 맞는 주장으로 가득하다. 닭 잡는 데 소 잡는 칼을 쓸 필요가 있겠느냐는 우려가 있었음에도 반론서를 쓰게 된 이유가 여기에 있다. 일본인의 주장에 대해서는 연구자들이 반론할 수 있고 또 그렇게 해 왔지만, 이런 주장이 대중서로 보급되는 것은 또 다른 문제이다. 더구나 《반일종족주의와의 투쟁》은 참고 서목으로 필자의 책을 거론하고 있어 필자의 책이 독도가 우리 땅임을 부정하는 자료로 이용된 데 대한 해명도 필요해졌기 때문이다.

사료를 무조건 아전인수 격으로 해석하려는 국수주의적 연구도 문제지만, 지난 70년 동안 축적해 온 선학의 성과를 모조리 무시하고 단편적인 사료 하나로 우리의 영유 논리를 무너뜨리려는 뒤틀린 인식도 문제다. 그동안 일본 측이 우산도가 독도임을 부정하는 대표적인 사료로 거론해 온 것 가운데 하나가 《태종실록》 1417년 2월 5일 기사의 '15가구 86명이 살고 있는 우산도에서 거주민 3명을 데리고 나왔다'는 안무사 김인우의 보고였다. 86명이나 살고 있었다는 우산도를 독도로 보기 어려움은 자명하다. 우리는 이때의 우산도는 울릉도의 착오이므로 이 기사만으로 우산도를 독도가 아님을 보여 주는 근거로 삼을 수 없다고 반론해 왔다. 그럼에도 일본은 우산도가 독도가 아님을 주장할 때마다 이 기사를 제시하고 있다. 이번에 출간된 《반일종족주의와의 투쟁》도 다르지 않다.

그런데 《세종실록》 1425년 8월 8일 기사에 《태종실록》의 '우산도'가 착오였음을 입증할 내용이 실려 있다. 무릉도에 도망가 살고 있던 사람들을 1416년에 김인우가 데리고 나왔다는 사실이 《세종실록》에 실려 있는 것이다. 《태종실록》의 기사는 1417년이지만 김인우의 조사는 1416년에 있었으므로 《태종실록》에서 말한 '우산도'가 《세종실록》에서 말한 '무릉도'임을 이로써 증명할 수 있다. 수십 년 동안 일본 측에 빌미를 제공했던 기사에 대한 의문이 《세종실록》의 기사 하나로 풀린 것이다. 이런 사실을 필자가 알게 된 것은 2018년이다. 이렇듯 사료는 늘 우리 가까이 있었음에도 인지하지 못하고 있었던 것이다. 이런 사료는 아직도 많으리라고 본다. 그러기에 오늘 우리가 아는 지식이 역사적 사실이라 장담하기 어렵고, 내가 아는 지식이 진실의 전부라 장담하기 어렵다. 이것이 독도 연구를 멈출 수 없는 이유이고, 선학을 함부로 재단하기 두려운 이유이다. 이 책이 이런 인식을 확장하는 데 도움이 되기를 바라는 마음이다.

유미림

2.

"于山武陵 二島在縣正東海中〔二島相去不遠 風日淸明 則可望見…〕"

"우산 무릉 두 섬은 (울진)현 정동쪽 바다 가운데에 있다〔두 섬은 서로 거리가 멀지 않아 날씨가 맑으면 바라볼 수 있다…〕."

위쪽은 《세종실록》 〈지리지〉에 기록된 우산(도)과 무릉(도) 두 섬에 관한 한문 원문이고, 아래쪽은 그 것의 한글 번역문이다. 문장이 너무나 분명하고 쉬워 서 다툴 만한 내용이 전혀 없다. 강원도 울진현 정동 쪽의 바다 가운데에서 "서로 거리가 멀지 않아 날씨 가 맑으면 바라볼 수 있는" 두 섬은 울릉도와 독도밖 에 없으니, 《세종실록》 〈지리지〉에 기록된 우산(도) 은 삼척동자가 봐도 독도다.

일본 측과 《반일 종족주의와의 투쟁》의 저자는 《세 종실록》 〈지리지〉의 내용을 부정하고자 노력한다. 이 유는 간단하다. 우산도가 역사적으로 우리나라 땅이 었음을 너무나 분명하게 증명해 주는 자료이기 때문 이다. 이렇게 분명한 내용을 부정하려다 보니까 논리 적 비약을 심하게 해야 하는 무리수를 둘 수밖에 없 는데, 자극적인 표현이나 문헌 자료에 대한 자의적 취사선택, 앞뒤 맥락의 재배치 등으로 감추고 있다. 필자가 보기에는 상당히 어설픈 논리적 비약임에도 그것을 발견하기가 생각보다 어려운 사람도 있을 수 있어, 《세종실록》 〈지리지〉의 우산(도)과 무릉(도) 기록이 어떻게 성립했는지에 대해 자세하게 썼다.

《신증동국여지승람》의 〈팔도총도〉와 〈강원도〉 지도 에는 우산도가 울릉도의 서쪽에 약간 작은 크기로 그려져 있다. 일본 측과 《반일 종족주의와의 투쟁》의 저자는 울릉도의 서쪽에는 섬이 없기 때문에 우산도가 실재하지 않는 섬, 더 심하게는 '환상의 섬'이라고 한다. 지도의 이미지만 보면 이를 체계적으로 반박할 수 있는 사람이 많지 않을 것이다. 하지만 근대적 측량이 이루어지지 않은 전통시대의 지도 제작 방법과 지도의 역사를 제대로 알고 나면 별로 어렵지 않게 반박할 수 있을 것이기에 그에 대해서 자세하게 썼다.

울릉도를 울도군鬱島郡으로 개칭한다는 내용의 대한제국 칙령 제41호가 반포된 1900년으로 돌아가면, 서울과 울도군을 포함하여 우리나라 전국 모든 곳에서는 작은 단위의 지명 거의 대부분을 우리말 이름으로 부르면서 한자의 소리나 뜻을 빌려 표기했다. 하지만 120년이 지난 지금, 우리는 '독섬'의 표기에 불과했던 石島와 獨島를 '석도'와 '독도'로 읽고 있듯이 표기된 것에 불과했던 한자의 소리로 지명을 읽고 부르고 있다. 국가 단위에서 불과 120년 만에 지명의 소리가 이렇게까지 많이 바뀐 것은 세계사적으로 경험해 보지 못한 초유初有의 사건일 것이다.

일본 측과 《반일 종족주의와의 투쟁》의 저자는 표기된 한자 지명의 소리로 읽고 부르는 우리의 오랜 습관을 파고들며 독섬=石島=獨島임을 증명하라고 집요하게 요구하고 있다. 이 책에서 충분한 사례를 들어 반박하였기에 읽고 나면 독섬=石島=獨島임을 논리적으로 쉽게 이해할 수 있을 것이다. 그래도 아쉽다. 우리말 지명을 한글로 적었거나, 표기된 한자 지명을 우리말 지명으로 읽어 왔다면 그들의 억지 주장은 아예 있을 수도 없었을 것이다. 지금이라도 우리 스스로 반성하면 좋겠다. 전국적으로, 그것이 어렵다면 울릉군만이라도 우리 선조들이 오랫동안 불러 왔던 우리말 지명을 공식적으로 되살릴 수는 없겠는가. 저동을 모시개로, 죽도를 댓섬으로, 도항을 섬목으로, 관음도를 깍새섬으로, 독도를 독섬으로 부르는 일부터 시작해도 좋을 것이다.

이기봉

차 례

제1장

들어가면서

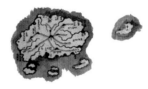

이　책은 《반일 종족주의와의 투쟁》에서 이영훈이 기술한 '독도' 관련 내용을 검토하려는 것이다. 《반일 종족주의와의 투쟁》은 《반일 종족주의》의 후속편이다. 2019년 7월 《반일 종족주의》가 출간되었는데, 이 책에 기술된 내용 가운데 특히 독도 관련 내용은 우리 학계의 통설과는 거리가 있다. 통설이 다 맞는 것은 아니지만 적어도 통설을 부정하려면 사료상의 근거가 명확해야 한다. 그런데 《반일 종족주의》는 1947년부터 독도 연구를 시작한 때부터 지금까지 축적해 온 연구 성과를 대부분 부정하고 있다. 이 때문에 학계가 아닌 언론을 중심으로 해서 반론이 제기되었고, 반론은 다시 이영훈의 재반론으로 이어졌다. 이 뒤로도 몇 번의 응수가 있었다.[1] 그리고 다시 2020년 5월 《반일 종족주의와의 투쟁》이 간행되었다. 《반일 종족

---

[1] 독도 관련 쟁점에 대한 비판과 반론에 대해서는 《주간조선》 2572호(2019.8.26.), 2575호(9.23), 2576호(9.30), 2578호(10.14), 2579호(10.21), 2582호(11.11), 2584호(11.25), 2585호(12.2)에서 다루고 있다.

주의와의 투쟁》에서 이영훈이 전개한 내용은《주간조선》에 게재된, 전작에 대한 비판에 대해 그 자신이 반론한 내용에서 크게 벗어나 있지 않다. 다만 이영훈은《반일 종족주의》에서 태정관 문서를 언급하지 않았다는 비판을 의식하여《반일 종족주의와의 투쟁》에서는 이 부분을 추가했고, 다른 주제도 부연·기술했다. 전체적으로 보면, 이영훈이《반일 종족주의와의 투쟁》에서 설파하려는 논지는 우산도·석도가 독도가 아님을 강변하려는 것이다.

《반일 종족주의와의 투쟁》의 3편 '독도'는 모두 4장(11–14장, 183–261쪽)으로 구성되어 있다. 이 글은 그 가운데 11–13장의 내용을 위주로 검증하는 것을 목적으로 한다. 14장 '독도 편입과 독도 밀약'을 제외한 이유는 전문성 문제도 있지만, 이 부분을 반론할 필요가 있는지 근본적으로 회의가 들기 때문이다. 14장의 핵심은 '이승만 대통령의 독도 편입'이다. 이영훈이 말하는 '이승만 대통령의 독도 편입'이란, 샌프란시스코 강화조약의 발효를 앞두고 행한 이승만 대통령의 '해양주권선언'으로 말미암아 비로소 독도가 우리 영토로 편입하게 되었다는 것을 말한다.[2] 그가

---

2 이에 대해서는 이선민이《주간조선》2585호(12.2)〈이영훈의 '독

이승만학당의 학장임을 감안하더라도 이런 식의 '이승만 영웅 만들기'는 지나치다. 그렇다면 1952년 전에는 독도가 우리 영토가 아니었다는 말인가? 이영훈이 말하는 '편입'의 개념은 무엇이며, 일본이 말하는 '편입' 개념과는 어떻게 다른가? 이영훈이 해석하는 샌프란시스코강화조약에 대해서도 따져봐야 한다.

이 부분에 대해서는 국제법 학계에서 비판이 있기를 기대하고, 이 책에서는 우산도·석도가 독도가 아니라는 이영훈의 주장에 초점을 맞춰 검토하고자 한다. 일본이 독도를 자국령으로 편입한 시기가 1905년이므로 그전에 독도가 우리 땅임이 입증된다면 샌프란시스코강화조약의 해석을 둘러싼 문제는 부차적인 것이 된다. 그러므로 우산도·석도가 독도인가를 둘러싼 논란이 가장 먼저 불식되어야 할 것이다.

《반일 종족주의와의 투쟁》의 각 장은 5-8개의 절로 이루어져 있으므로 이 책은 각 절의 내용을 따라가면서 검토하기로 한다. 내용을 포괄해서 비판하지 않고 각 절의 내용을 따라 비판하는 이유는 그렇게 하는 것이 역사적 사실관계를 분명히 할 수 있고 문맥상의 문제도 드러낼 수 있다고 여겨서이다. 이 책

도'에 대한 세 번째 비판〉에서 반론했다.

에서는 이영훈을 논자로 칭하기로 한다. 각 절의 제목은 논자가 붙인 것이고, ☞는 필자가 바꾼 제목을 뜻한다.

비판적 검토에 앞서 독자들의 이해를 돕기 위해 그동안의 독도 영유권 관련 논쟁점들을 요약하기로 한다.

한국과 일본 사이의 독도 영유권 논쟁사 요약

우리나라의 독도 영유권에 대하여 일본 정부가 문제를 제기하기 시작한 것은 1952년 1월 18일 이승만대통령이 이른바 '평화선' 선언을 발표하여 독도를 한국의 주권이 미치는 범위에 포함시키고부터다. 일본 정부는 한국 정부의 '평화선' 선포에 반발하여 1월 28일 다케시마(독도)에 대한 한국 정부의 영유권 주장을 인정하지 않는다는 내용의 교환각서(NOTE VERBALE, 구술서)를 보내왔다. 이로부터 양국은 여러 차례에 걸쳐 각서를 교환하며 각자의 영유권 논리를 개진했다.[3] 일본 정부는 1953년 7월 13일자로 다케시마(독도)에 관한 정부 견해를 보내오는 것으로 논전을 시작했는데 한국 정부의 영유권 논리는 이를 논박하면서 형성되었다.

그러나 한국의 영유권 논리는 일본인들의 독도 상륙이 시작된 1947년 무렵부터 형성되고 있었다. 1947년 4월 일본인의 독도 상륙과 총격사건이 일어나자 남조선과도정부는 독도 영유권 논리를 구축하기 위해 사료를 발굴하고 현지 조사를 계획했고, 그 결과 그해 8월 울릉도학술조사대를 파견했다. 공식 명칭은 울릉도학술조사대였지만 실제 목적은 독도 조사에 있었다. 이때 조사대 일원이었던 역사학자 신석호는 울릉도청에서 1906년 울도군수 심흥택의 보고서 부본을 찾아냈다. 이때부터 시작되었던 영유권 논리의 계발이 1953년 일본 정부의 교환각서로 말미암아 본격화한 것이다.

1953-1962년 사이에 전개되었던 한·일 양국 정부의 견해 및 현재 한국 외교부와 일본 외무성 홈페이지의 내용을 중심으로 독도 문제의 쟁점을 보면 대략 다음과 같다. ① 우산도는 독도인가? ② 안용복 진술의 사실 여부 ③ 1905년 이전 누가 독도를 '실효 지배'했는가? ④ 1906년 울도군수 심흥택보고서의 의미 ⑤ 1905년 편입과 시마네현 고시의 유효성 즉 '무주지 선점론'의 문제 ⑥ 대일 평화조약의 해석을 둘러싼 문제 등이다. 여기에 한국에서는 1968년에 ⑦ 칙령 제41호의 원문이 처음 소개되었고, 일본에서는 1987년에 ⑧ 태정관 지령이 새로 소개되었으므로 양국은 두 사료의 해석을 둘러싼 쟁점을 추가했다.[4] 이 밖에도 지엽적인 쟁점은 더 있다.

이러한 주요 쟁점에 대해서는 양국 정부 혹은 학계의 주장, 이른바 통설이라는 것이 있다. 그럼에도 《반일 종족주의》와 《반일 종족주의와의 투쟁》은 이들 쟁점 가운데 극히 일부를 단편적으로 언급하되 통설과는 다른 주장을 펼치고 있다. 이들 쟁점은 각각의 주제를 따로 다루어도 좋을 만큼 그 내용이 짧지 않으며 논리적 전개도 복잡하다. 그러므로 이 책에서 간단히 서술하기는 쉽지 않다.[5] 이들 쟁점 가운데 일부는 본문에서 구체적으로 언급하고 있으므로 여기서는 양국 정부(학계 포함)의 입장을 간단히 소개하는 것으로 통설을 대신하고자 한다. 양국의 입장을 보다 보면, 이영훈의 논리가 지향하는 바가 무엇인지도 드러날 것이다.

우리는 한국 문헌에 기술된 ① 우산도 ② 안용복 관련 진술 ④ 심흥택보고서가 한국 측 영유권 논리를 뒷받침하는 데 유리하다고 여기지만, 일본은 이를 부정한다. 우리는 ① 《세종실록》 〈지리지〉 등의 기술에 근거할 때 울릉도에서 날씨가 맑은 날 육안으로 보이는 섬은 독도밖에 없으므로 우산도는 울릉도의 이칭이 아니라 독도를 가리킨다고 주장한다. 이에 대하여 일본은 한국 고문헌에 기술된 우산도가 울릉도 옆의 죽도(竹島)를 가리키거나 울릉도를 상기시키는 내용이며,《신증동국여지승람》의 첨부지도에 그려진 우산도는 실재하지 않는 섬이라고 주장한다.

② 안용복 관련 진술에 대해 우리는 안용복의 진술이 대체로 사실이며, 안용복이 1696년에 오키 섬 관리에게 울릉도와 독도가 조선령이라고 진술한 기록이 있음을 제시한다.[6] 반면, 일본은 안용복의 진술은 허위이므로 신빙성이 낮다고 주장한다.

④ 심흥택보고서는 울도군수 심흥택이 일본의 편입 사실을 알게 되자마자 강원도관찰사에게 보고하면서 "본군 소속 독도"라고 언급한 사실을 기록한 공문서이다. 이 보고서는 참정대신으로 하여금 "독도를 (일본) 영지로 한다는 말은 전혀 근거가 없으니 그 섬의 형편과 일본인의 행동을 다시 조사하여 보고할 것"을 지령하도록 했다는 점에서 의미가 있다. 보고한 자와 보고받은 자, 곧 대한제국 관료들의 독도 인식이 그대로 드러나 있기 때문이다. 이에 대하여 1954년 일본 정부는 "확실한 원본이 인증되지 않으므로 일본 정부의 견해를 제시할 수 없다"[7]고 했다. 이에 한

국 정부는 심흥택보고서 원문을 한국 정부가 공문서로 보관하고 있다고 응수했다.

한편 우리는 ⑤ 일본의 1905년 독도 편입이 국권에 대한 침탈 과정의 일환이었으며 불법 행위이므로 국제법적 효력을 지닐 수 없다고 주장한다. 즉 일본이 무주지라고 편입한 독도는 무주지가 아니었으며 편입 절차 또한 국제법상 영토 취득의 요건에도 맞지 않으므로 무효라고 주장하는 것이다. 이에 대하여 일본은 1962년 7월 13일자 정부 견해에서 "각의 결정에 이은 시마네현 고시는 일본이 근대국가로서 다케시마를 영유할 의사를 재확인하고 이를 일본의 근대 행정 구분에 편입하고 이를 공시한 것"이라고 주장한 바 있다. 현재 일본 정부의 입장도 여기서 크게 벗어나지 않는다.

③ 1905년 이전 누가 독도를 실효 지배했는가에 대해서는, 일본은 에도시대에 독도를 이용해 왔음을 들어 실질적으로 경영해 왔다고 주장한다. 이에 대하여 한국은, 일본인의 독도 출어는 독도에 대한 실질적 지배가 아니며 1696년 다케시마(울릉도) 도해 금지령에 독도가 포함되어 있으므로 그 뒤로 독도에 대한 경영은 성립할 수 없었다고 주장한다.

한편 한국은, 일본이 ⑧ 태정관 지령(1877)에서 "다케시마 외일도는 본방과 관계없음을 명심할 것"이라고 한 것이 울릉도와 독도가 일본 영토가 아님을 인정한 공문서라고 주장한다. 이에 대해 일본 정부는 지령의 존재를 현재까지도 공식적으로 언급하지 않고 있다. 다만 일본 학계의 일각에서 태정관 지령에서 말한

'일도(一島)'는 독도가 아니며, '일도'가 독도라 하더라도 지령은 독도가 일본 영토가 아님을 인정한 것일 뿐 그것이 자동적으로 한국 영토임을 인정하는 문서는 아니라는 주장이 있다.

한국은 1900년 대한제국이 칙령 제41호로 石島를 규정, 곧 독도가 울도군의 관할임을 명확히 했다고 주장한다. 칙령에서의 石島가 독도를 가리킨다는 한국 측 주장에 대하여 일본 측은 石島가 오늘날의 독도라면 칙령에서는 왜 獨島라는 명칭을 사용하지 않았으며, 우산도라는 명칭은 왜 사용하지 않았는가를 반문한다. 나아가 일본은 설령 이 의문이 해소된다 하더라도 칙령을 공포한 시기를 전후하여 한국이 독도를 실효 지배한 사실이 없으므로 영유권은 확립되어 있지 않았다고 주장한다. 이는 한국이 칙령을 전후한 시기에 독도를 실효 지배한 사실을 입증하지 못하는 한 일본의 실효 지배가 인정받을 수 있다는 논리이다.

한국에서 칙령 제41호를 발굴하고 거기에 石島가 명기되어 있다는 사실을 분명히 밝히게 된 것은 1960년대 후반이므로, 한일 양국은 1950년대의 논박 과정에서는 칙령의 石島를 언급하지 않았다. 그런데 한국은 1953년 9월 9일자 정부 견해에서 현재의 독도라는 이름으로 불리게 된 데는 경상도 방언과 관계있다는 견해를 제시한 바 있다. 즉 경상도 방언 '독'이 돌 또는 암석을 의미하므로 獨島가 돌섬 또는 암석에서 왔다는 것이다. 이는 칙령의 존재를 알기 전에 獨島라는 명칭만으로 石島와 연결 짓고 있었음을 의미한다. 이 부분은 본문에서 다시 다룬다.

마지막으로 한국은 ⑥ 1951년 대일 평화조약의 해석을 둘러싼 문제에 대해서는, 대일 평화조약 제2조에 일본이 포기해야 할 영토에 독도를 직접적으로 명시하지 않았다고 해서 독도가 한국 영토에 포함되지 않는다고 볼 수 없다고 주장한다. 반면 일본은 샌프란시스코강화조약 초안 작성과정에서 한국 측이 일본이 포기하는 영토에 독도 및 파랑도를 포함시켜 줄 것을 요청했지만 미국은 한국의 주장을 부정하는 내용으로 회답했다고 주장한다. 이른바 러스크 서한[3]을 제시하고 있다.

이렇듯 양국은 1953년부터 지금까지 서로 다르게 영유권 논리를 펴고 있다. 그런데 영유권 논리란 새로운 사료가 발굴되거나 새로운 해석이 나오면 바뀌게 마련이다. 물론 정부의 입장과 학계의 주장이 반드시 일치하는 것은 아니다. 그렇다 하더라도 우산도가 獨島이며, 石島가 獨島라는 한국 역사학계의 통설은 그대로 정부의 입장과도 일치한다. 그런데《반일 종족주의와의 투쟁》은 위에서 독도문제의 쟁점으로 제시한 주제 가운데 특히 우산도와 石島를 독도로 보는 통설을 집중적으로 반박하고 있다.

---

3 한일 양국은 1953년부터 1962년까지 영유권 관련 각서를 교환했는데 일본 측이 4회, 한국 측이 3회에 걸쳐 영유권 관련 주장을 개진하고 근거자료를 제시했다. 1965년 12월 17일자 한국 측 구술서는 "독도 영유권 관련 일본의 주장은 전혀 고려할 가치가 없음"을 일본 측에 확인해 주는 문서이므로 정부 견해를 담은 각서에 포함시키지 않았다.

4 현재 외교부 홈페이지에서 독도가 '우리 영토인 근거'로 제시한 사료(주제)는 모두 16개이다. 이 가운데 우리 측 주장과 관련된 사료(주제)는 10개이고, 일본 측 주장과 관련된 사료(주제)는 6개이다. 한국 측 주장 관련 사료는 ① 512년 우산국 복

속 ② 1454년 《세종실록》〈지리지〉 ③ 1693년 안용복 일본 납치 ④ 1694년 울릉도 수토제도 시행 결정 ⑤ 1696년 5월 안용복 일본 도해 ⑥ 1770년 《동국문헌비고》〈여지고〉 ⑦ 1900년 칙령 제41호 반포 ⑧ 1906년 3월 울도군수 심흥택보고서와 5월 의정부 참정대신 지령 제3호 ⑨ 1946년 1월 29일 연합국최고사령관 각서(SCAPIN) 제677호와 6월 22일 연합국최고사령관 각서(SCAPIN) 제1033호 ⑩ 1951년 샌프란시스코강화조약 체결이다.

일본 측과 관련된 사료는 ① 1625년 다케시마(울릉도) 도해면허 ② 1695년 일본 돗토리번 답변 ③ 1696년 1월 다케시마(울릉도) 도해금지령 ④ 1870년 일본 외무성 《조선국 교제시말 내탐서》 ⑤ 1877년 태정관 지령 ⑥ 1905년 시마네현 고시 제40호이다(https://dokdo.mofa.go.kr/kor/dokdo/reason.jsp, 2020년 9월 3일 검색).

5 1905년 이전 주제와 관련해서 역사적 사실을 정리한 것은 유미림의 《팩트체크 독도》, 역사공간, 2018 참조.

6 이는 2005년 일본 오키 섬에서 〈겐로쿠 9 병자년 조선 배가 해안에 도착한 일을 적은 한 권의 각서(元禄九丙子年朝鮮舟着岸一卷之覚書)〉가 발견된 데 기인한다.

7 외무부, '〈獨島(竹島)에 관한 일본 정부의 견해에 대한 1953년 9월 9일자 한국 정부의 반박〉에 관한 일본국 정부의 견해'(1954.2.10.(5), 《독도문제개론》, 1955, 137쪽).

8 1951년 8월 10일 미 국무부 극동 담당 차관보 딘 러스크(Dean Rusk)가 한국 측의 요청에 대한 미국 측의 입장을 양유찬 주미 대사를 통해 한국 정부에 전달한 서한을 가리킨다.

제2장
우산도는 환상의 섬인가?

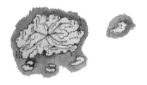

I. 원래는 나라 이름

☞ 《세종실록》〈지리지〉의 우산(도)은 독도다

이 절의 요지는 우산도가 실재하지 않는 환상의 섬이라는 것이고, 그 출발점은 《세종실록지리지》[1]에 우산과 무릉을 별개의 섬으로 기록한 데서 온 것이다. 논자는 《반일 종족주의와의 투쟁》에서는 간단히 다루었지만 《반일 종족주의》에서는 우산도가 실재하지 않는 환상의 섬이라는 논의를 《삼국사기》신라본기 지증왕 13년(512)의 기사로부터 시작하고 있다. 논자가 인용한 문구는 다음과 같다.[2]

우산국(于山國)이 (신라에) 귀의하였다. 매년 토산물을 공납하였다. 우산국은 명주(溟州)의 동쪽 바다에 있는 섬이다. 혹은 울릉도(鬱陵島)라고 한다. 땅의 크기는 백 리

---

1 《세종실록지리지》는 논자가 쓴 것을 가리킬 때는 그대로 쓰고, 반론에서는 《세종실록》〈지리지〉로 썼다.

2 이영훈 외, 《반일 종족주의》, 미래사, 2019, 152~153쪽.

이다. 험준한 것을 믿고 신라에 불복하였다. 이찬(伊湌) 이사부(異斯夫) 장군이 정벌하였다.[3]

　논자는 《삼국사기》에 나오는 우산(于山)을 일러 사람들은 오늘날의 독도를 가리킨다고 주장하지만 이는 심한 비약이라고 하면서, 우산이란 울릉도에서 성립한 나라(國)의 이름일 뿐이라고 주장한다.[4] 그러면서 우산국에 지금의 독도가 포함되었는지는 《삼국사기》의 기사만으로는 알 수 없어 그럴 수도 있고 그렇지 않을 수도 있다고 했다. 지금 한국 정부나 국민들이 《삼국사기》에 기록된 우산국의 '우산'이 오늘날의 독도를 가리킨다고 주장하고 있다면 필자가 보기에도 분명히 잘못된 것이므로 비판받아 마땅하다. 《삼국사기》의 내용을 아무리 검토해 봐도 우산국은 512년에 신라가 정복한 나라의 이름일 뿐이지 그것이 오늘날의 독도를 가리킨다고 볼 수 있는 내용은 없다. 또한

---

3 이영훈은 원문의 일부를 생략했는데 원문은 다음과 같다. "于山國歸服 歲以土宜爲貢 于山國在溟州正東海島 或名鬱陵島 地方一百里 恃嶮不服 伊湌異斯夫 爲何瑟羅州軍主 謂于山人愚悍 難以威來 可以計服 乃多造木偶獅子 分載戰船 抵其國海岸 誑告曰 汝若不服 則放此猛獸 踏殺之 國人恐懼則降"(《삼국사기》 권4 '신라본기' 4, '지증마립간 13년 6월조)

4 이영훈 외, 2019, 앞의 책, 153쪽.

독도가 울릉도의 부속섬이기 때문에 우산국에 독도가 포함되어 있었을 것으로 추정은 할 수 있지만《삼국사기》의 기사가 독도가 우산국에 포함되어 있었음을 보여주는 근거 자료는 될 수 없다. 이 점에서는 논자와 필자 사이에 인식의 차이가 없다.

《반일 종족주의와의 투쟁》에서는 간단하게 언급하고 넘어갔지만《반일 종족주의》에서 논자는 독도 고유영토론을 비판하기 위해《삼국사기》 다음으로《세종실록》〈지리지〉 강원도 삼척도호부 울진현의 우산도 관련 기록을 분석했다. 논자는 그 내용의 앞부분을 이렇게 제시했다.

> 우산과 무릉(武陵) 두 섬은 현의 동쪽 바다 가운데 있다. 두 섬은 서로 떨어짐이 멀지 않다. 날씨가 좋으면 바라볼 수 있다. 신라 때는 우산국이라 칭했는데 울릉도라고도 하였다.[5]

논자는 신라 때는 우산국=울릉도의 관계였다가《세종실록》〈지리지〉의 단계에 와서 우산과 무릉이란

---

5 원문은 다음과 같다. "于山·武陵 二島在縣正東海中【二島相去不遠 風日淸明 則可望見 新羅時 稱于山國 一云鬱陵島】"(《세종실록》 권 153 〈지리지〉 강원도 삼척도호부 울진현)

두 섬으로 분리되었다고 했는데, 현존하는 지리지라는 관점에서만 보면 이 부분에서 논자의 의견은 잘못이 없다. 이어서 논자는 "우산은 원래 나라 이름이었는데, 언제부턴가 그것을 섬으로 간주하는 오해가 생겼다. 그러니까 우산도는 실재하지 않은 환상의 섬이다."[6]라는 해석을 내놓았다. 논자는 우산도가 실재하지 않는 환상의 섬이라는 것을 주장하기 위해 우리나라의 역사에서 언제부턴가 '우산국＝우산도'라는 인식이 성립했다고 전제하였다. 하지만 《세종실록》《지리지》(1454)에서는 우산(도)과 무릉(도)이란 이름의 두 섬이 울진현의 정동쪽 바다 가운데 있다고만 서술했을 뿐 '우산국＝우산도'라는 인식을 설정할 만한 문구가 전혀 보이지 않는다. 조선시대 국가 편찬 지리지에서 '우산국＝우산도'라는 인식은 존재한 적이 없다. 우산도가 존재하지 않는 환상의 섬이라는 선험적인 결론을 끌어내리려다 보니까 논자가 《세종실록》〈지리지〉의 기사에 존재하지도 않는 '우산국＝우산도'라는 환상의 문구를 본 것으로밖에 생각할 수가 없다. 논자가 주장하듯이 우리나라 정부나 국민 가운데 《세종실록》〈지리지〉의 기록에서 '우산국＝우산도'라는 인

---

6 이영훈 외, 2019, 앞의 책, 154쪽.

식을 끌어내어 독도의 고유영토론을 주장하고 있다면 그것은 분명히 잘못이니 고쳐야 한다.

논자는 《태종실록》에 기록된 '우산무릉 등처(于山武陵等處)'의 두 지명에 대해 본명과 별명을 편하게 나열한 것이라고 보았다. 그리고는 이런 표기가 반복되면서 별개의 두 섬이 있다는 오해가 생기기 시작했고, 오랜 세월이 흐르면서 그럴듯한 환상으로 부풀려졌다고 했다.

그리고 그는 《세종실록지리지》에 기록된 "'두 섬은 서로 떨어짐이 멀지 않다. 날씨가 좋으면 바라볼 수 있다.'가 바로 환상의 기술"[7]이라고 했다. 이어서 논자는 "두 섬의 거리가 멀지 않으면 서로 바라보임이 당연한데, 굳이 '날씨가 좋으면'이라는 단서를 붙인 것 자체가 상상의 산물이라고 할 수 있"다고 했다. 필자는 "두 섬은 서로 떨어짐이 멀지 않다"는 문구 뒤에 "날씨가 좋으면 바라볼 수 있다"는 단서를 붙인 것을 어떻게 "상상의 산물"이라 말할 수 있는지 도저히 이해하지 못하겠다. "두 섬의 거리가 멀지 않다"는 문구에서 '멀지 않다'는 사람마다 자신의 기준에 따라 다

---

7 이영훈 외, 2019, 앞의 책, 157쪽.

르게 판단할 수 있는 주관적인 표현이다.《세종실록》
〈지리지〉에서는 이런 주관성을 보완하기 위해 누구든
수긍할 수 있도록 "날씨가 맑으면 바라볼 수 있다"는
객관적 기준을 제시했다.

　이것은 무릉도(울릉도)의 부속섬 가운데 날씨가 좋
지 않아도 바라볼 수 있는 섬과 날씨가 좋아야 바라
볼 수 있는 섬이 공존한다는 사실을 알고 있을 때만
쓸 수 있는 표현이다. 우리는 지금 울릉도의 부속섬
가운데 날씨가 좋지 않아도 바라볼 수 있는 竹島(댓
섬)도 있고, 날씨가 좋지 않으면 보이지 않다가 좋아
야 보이는 독도도 있다는 객관적 사실을 잘 알고 있
다. 따라서 울진현의 정동쪽 바다 가운데 "두 섬은
서로 거리가 멀지 않아 날씨가 맑으면 바라볼 수 있
다."[8]는《세종실록》〈지리지〉의 문구는 논자가 말하
는 환상의 기술이 아니라 객관적인 조사 결과를 바탕
으로 기록된 것임을 알 수 있다. 현대의 정확한 지식
에 입각할 때 울릉도 주변에서 날씨가 맑아야만 볼
수 있는 부속섬으로 독도밖에 없다는 사실은 누구나

---

8 논자는 "두 섬은 서로 떨어짐이 멀지 않다. 날씨가 좋으면 바
　라볼 수 있다"로 해석했지만, 위와 같이 해석하는 것이 더 자
　연스럽다.

알고 있는 객관적인 사실이다. 《세종실록》〈지리지〉를 편찬할 당시에도 날씨가 맑으면 바라볼 수 있는 섬이 독도밖에 없었을 것임은 자명하다. 우산과 무릉에서 '무릉'은 논자도 말했듯이 울릉도를 가리키기 때문에 우산(도)은 당연히 독도를 가리킨다.

논자는 《반일 종족주의》에서 "1417년의 《태종실록》을 보면 김인우라는 관리가 '우산도'를 탐사하고 돌아와 인구가 15호에 86명이라고 보고하는 기사가 나옵니다. 그 우산도가 곧 울릉도였습니다."라고 했다. 이는 태종 17년(1417) 2월 5일의 《태종실록》 기록인데 거기에는 다음과 같은 내용이 나온다.

> 안무사 김인우가 우산도(于山島)에서 돌아와 토산물인 큰 대나무, 물소가죽, 생모시, 솜, 검박나무 등을 바쳤다. 그리고 거주인 3명을 거느리고 왔다. 그 섬은 모두 열다섯 가구이고, 인구는 남녀를 합해 86명이었다. 김인우가 갔다가 돌아올 때 두 번이나 태풍을 만나 겨우 살아올 수 있었다.[9]

---

9 원문은 다음과 같다. "按撫使金麟雨還自于山島 獻土産大竹水牛皮生苧綿子檢樸木等物 且奉居人三名以來 其島戶凡十五口 男女并八十六 麟雨之往還也 再逢颶風 僅得其生"(《태종실록》 태종 17년 2월 5일)

위 기록 속의 우산도는 무릉도를 써야 할 자리에 우산도로 잘못 기록한 것으로 보아야 한다. 이를 증명할 수 있는 내용이 《세종실록》에 있다. 《세종실록》 세종 7년(1425) 8월 8일 기록에 "당초 강원도 평해 사람 김을지·이만·김울금 등이 일찍이 무릉도에 도망가서 살고 있었는데 병신년에 국가에서 김인우를 파견하여 모두 데리고 나오도록 했다."[10]고 기술되어 있다. 여기서 말한 병신년이 바로 태종 연간 김인우가 탐사하러 갔던 1416년을 말한다. 이는 《태종실록》(1416)에서 '우산도'로 잘못 적었던 것을 《세종실록》에서 '무릉도'로 바로잡은 것임을 의미한다. 그동안 이런 사실이 밝혀지지 않아 일본 측이 비판의 자료로 삼아왔는데 논자도 이를 따른 듯하다.

논자는 '우산·무릉' 기록이 김인우가 우산도를 탐사하고 돌아온 1417년으로부터 34년의 세월이 흐른 뒤에 기록되었기 때문에 그럴듯한 환상으로 부풀려졌다고 말한다. 논자는 《고려사》〈지리지〉(1451)를 기준으로 본 것 같은데, 《세종실록》〈지리지〉를 기준으로

---

10 원문은 다음과 같다. "初 江原道 平海人金乙之李萬金亏乙金等 曾逃居武陵島 歲丙申 國家遣麟雨盡行刷還"(《세종실록》 세종 7년 8월 8일)

하면 37년이다. 어쨌든 논자가 《세종실록》〈지리지〉의 우산·무릉 기록과 관련하여 모르고 있는 연구 결과가 있다.

1424년 11월에 세종의 명으로 시작되어 7년 3개월 뒤인 1432년 1월에 완성된 《신찬팔도지리지》의 내용이 세종의 큰 업적으로 여겨져, 새로 개척된 평안도의 4군과 함경도의 6진 등 일부 지역의 변화 상황만을 첨가하여 《세종실록》〈지리지〉에 그대로 수록되었다는 사실이다.[11] 논자의 논리를 따르더라도 《고려사》와 《세종실록》〈지리지〉의 우산·무릉 기록은 1417년으로부터 34년과 37년이 아니라 7년에서 15년 사이가 흐른 뒤에 기록된 것인데, 이 또한 정확한 지식은 아니다. 김인우는 1416년 9월에 '무릉 등처 안무사(武陵等處安撫使)'로 파견되었고,[12] 1417년 2월에는 '우산무릉 등처'에 사는 사람들을 데리고 나오는 안무사로 다시 파견되었다.[13] 이에 그치지 않고 세종이 《신찬팔도지리지》의 편찬을 명한 다음 해인 1425년 8월에도 그는 '우산무릉 등처 안무사(于山武陵等處按撫使)'

---

11 서인원, 《조선초기 지리지 연구-《동국여지승람》을 중심으로》, 혜안, 2002, 50~57쪽.

12 《태종실록》 태종 16년 9월 2일.

13 《태종실록》 태종 17년 2월 8일.

로 파견되었다.[14] 결국 《세종실록》〈지리지〉의 저본에 해당되는 《신찬팔도지리지》의 우산·무릉 기록은 '무릉 등처'와 '우산무릉 등처'의 안무사 김인우의 조사 결과를 담은 것이며, 그로 말미암아 우산과 무릉 "두 섬은 서로의 거리가 멀지 않아 날씨가 맑으면 바라볼 수 있다."는 구체적 표현이 가능했던 것이다.

김인우가 1416년 9월에 '무릉' 한 섬이 아니라 무릉 말고도 또 다른 섬이 있을 수도 있다는 의미의 '무릉 등처(武陵等處)'의 안무사로 파견된 이유는 《태종실록》 태종 12년(1412) 4월 15일에 기록된 다음의 사건 때문이다.

의정부에 명하여 유산국도(流山國島) 사람을 처리할 방도를 의논하게 하였다. 강원도관찰사가 보고하여 아뢰기를, "유산국도 사람 백가물 등 12명이 〔강원도〕 고성군의 어라진(於羅津)에 와서 정박할 것을 요청하면서 말하기를, '우리들은 무릉도(武陵島)에서 태어나 자랐는데, 그 섬 안의 호 수가 11호이고, 남녀를 합해서 60여 명인데, 지금은 본섬〔本島〕으로 옮겨와 살고 있습니다. 이 섬은 동에서 서까지, 남에서 북까지 모두 2식(息, 1식은 30리) 거리이

---

14 《세종실록》 세종 7년 8월 8일; 《세종실록》 세종 7년 10월 20일 기사에는 '于山茂陵等處按撫使'로 되어 있다.

고, 둘레는 8식(息) 거리입니다. 소와 말, 논이 없고 단지 콩 한 말을 심어 20석 또는 30석을 거두고, 보리 한 석을 심으면 50여 석을 거둡니다. 대나무가 큰 서까래만 하고, 각종 해산물과 과일나무는 모두 있습니다.'라고 하였습니다. 이 사람들이 도망하여 돌아갈까 염려하여, 우선 통주(通州)·고성(高城)·간성(杆城)에 나누어 두었습니다."라고 하였다.[15]

이 기록에는 강원도 고성군의 어라진에 온 유산국도 사람 백가물 등 12명이 태어나 자라난 '무릉도'와 그 다음에 옮겨가 살고 있는 '본섬' 등 두 개의 섬이 나오는데, 이들의 말에만 따르면, 두 섬 모두에 사람이 살고 있었다. 이는 당시까지 기존의 문헌을 통해 조선의 중앙 정부가 알고 있던 정보, 곧 동해에 사람이 살고 있는, 또는 살 수 있는 섬은 무릉도 한 섬뿐이라는 정보와 상치되는 것이었다. 물론 현재 우리는 조선의 통제 권역 안에 있는 동해에서 사람이 살 수 있는 섬은 무릉도, 곧 울릉도 한 섬뿐이라는 사실을

---

[15] 원문은 다음과 같다. "命議政府議處流山國島人 江原道觀察使報云 流山國島人自加勿等十二名 求泊高城 於羅津 言曰 予等生長武陵 其島內人戶十一 男女共六十餘 今移居本島 是島自東至西自南至北 皆二息 周回八息 無牛馬水田 唯種豆一斗出二十石或三十石 麥一石出五十餘石 竹如大椽海錯果木皆在焉 竊慮此人等逃還 姑分置于通州高城杆城"(《태종실록》 태종 12년 4월 15일)

잘 알고 있다. 따라서 유산국도 사람 백가물 등이 거짓말을 한 것임을 알 수 있지만, 동해의 섬 정보를 모두 확보하고 있지 못하던 당시의 중앙 정부 입장에서는 그것이 거짓말인지 아닌지 확인할 방법이 없었을 것이다. 백가물 등이 왜 그런 거짓말을 했는지 그 이유가 기록되어 있지 않아 알 수는 없지만, 중앙 정부 입장에서는 사람이 살면서도 통제되지 않은 섬이 있을 수 있다는 보고는 충격적인 것이었다. 전통시대 어느 문명의 국가든 자신의 통제 권역 안에 사람이 살고 있는데 통제되지 않는 땅이 있다는 것은 용납할 수 없는 국가적 문제로 여겼었다. 그런 땅이 있다면 과중한 조세의 회피, 반역 실패 뒤에 도피 등의 이유로 도망가서 살 수 있다는 희망을 백성들에게 심어줄 수 있고, 그것은 국가의 통제 기능이 제대로 작동하지 않게 할 계기가 될 수 있기 때문이다.

이에 동해 가운데 무릉도 말고도 사람이 살 수 있는 섬이 하나 더 있다는 유산국도 사람 백가물 등의 말은, 중앙 정부가 사실 여부를 확인해야만 하는 정보였다. 그리고 그런 확인을 위한 움직임이 약 4년 4개월여가 지난 1416년 9월에 있었다. 중앙 정부에서 무릉도를 직접 조사하자는 의논이 일어났는데, 이때 김인우를 무릉도 한 섬이 아니라 '무릉 등처', 곧 무룽도 말고도 또 있을지 모르는 곳까지 포함시킨 지역의 안무사로 파견한 것이다. 그리고 김인우는 '무릉 등처 안무사'의 임무에 맞게 무릉도만 조사하지 않고 또 다른 섬에 대해서도 조사한 뒤 우산과 무릉 두 섬에 대해 보고하였고, 중앙 정부가 이를 공식적으로 인정하였기 때문에 1417년 2월 다시 안무사로 파견될 때는 '무릉 등처'가 아니라 더 분명한 이름의 '우산무릉 등처'의 안무사로 임명된 것이다. 《태종실록》에는 이때 김인우가 보고한 내용이 자세히 나오지 않지만, 다행스럽게도 《신찬팔도지리지》를 거쳐 《세종실록》〈지리지〉에 수록되면서 "우산과 무릉 두 섬은 현의 정동쪽 바다 가운데 있다. 두 섬은 서로의 거리가 멀지 않아 날씨가 맑으면 바라볼 수 있다."는 내용을 기술하고 있어 지금의 우리도 알 수 있게 되었다. 다만 김인우가 독도를 조사한 뒤 왜 우산국(于山國)과 같은 한자의 '于山'이라는 이름을 붙여 보고했는지는 자료가 전해지지 않아 현재로선 알 수가 없다.

2. 1도설과 2도설

논자는 《신증동국여지승람》이 2도설을 주설(主說)로 채택하고 1도설을 종설(從說)로 소개하고 있음에도 거기 실린 〈팔도총도〉를 보면 우산도가 환상임이 명확하다고 주장한다. 우산도가 울릉도 서쪽에 울릉도와 비슷한 크기로 그려져 있는데 그런 섬은 객관적으로 실재하지 않기 때문이라는 것이다.

논자가 2도설이라고 하는 것은 《고려사》 지(志) 권 제12, 지리 3, '동계(東界)' 울진현에서 '울릉도'에 대하여 작은 글씨의 분주(分註)로 "일설에는 우산과 무릉이 본래 두 개의 섬으로 서로의 거리가 멀지 않아 날씨가 맑으면 바라볼 수 있다고 한다."고 한 것을 가리킨다. 논자는 조선 초기까지만 하더라도 동해에는 울릉도 1도만 있다고 인식했다는 증거로 1402년에 제작된 〈혼일강리역대국도지도〉의 동해에 울릉도 1도만 그려져 있다는 사실을 제시했다. 필자도 논자의 이 주장에 대해 동의한다. 《삼국사기》와 《삼국유사》에 울릉도(鬱陵島) 1도만, 《고려사》(1451)에도 지리지의 일설을 제외하면 울릉도를 가리키는 서로 다

른 한자 표기의 우릉(羽陵)·무릉(武陵)·울릉(蔚陵)·울릉
(鬱陵) 1도만, 조선의 《태조실록》에도 무릉(武陵) 1도
만 기록되어 있다. 이렇게 울릉도 1도의 정보밖에 없
던 1402년에 제작된 〈혼일강리역대국도지도〉[16]의 동
해에 울릉도(蔚陵島) 1도만 그려져 있는 것은 자연스
러운 현상이다.

논자가 《고려사》에서 2도설을 종설로서 소개한 것
이 15세기 중엽에 새로운 설이 유행했기 때문이라고
주장하는 것은 맞지 않다. 앞에서 살펴보았듯이 1416
년 9월에 시작된 무릉 등처의 안무사 김인우가 독도
를 조사한 뒤에 형성된 우산과 무릉 두 섬의 지식이
《고려사》를 편찬할 당시는 이미 확인된 바였지만, 고
려시대의 문헌에서는 찾을 수 없었기 때문에 '일운
(一云)'으로 뒷부분에 첨가해 넣은 것이다.

그런데 논자는 《세종실록》〈지리지〉의 편찬자들이
2도설을 주설로 채택하여 기록했다고 보고 있다. 2도
설에서의 '설'은 사실로 확인된 지식이 아니라 두 섬
일 수도 있다는 주장이나 견해를 가리킨다. 따라서

---

16 〈혼일강리역대국도지도〉의 최초 원본은 전해지고 있지 않으
며, 현재는 후대의 사본만 일본에 4종 전해지고 있다. 일본의
사본을 기초로 1970년대 이후 필사된 〈혼일강리역대국도지도〉
가 규장각한국학연구원에 소장되어 있다.

논자의 논리를 따라가다 보면 《세종실록》〈지리지〉의 편찬자들이 우산과 무릉이라는 서로 다른 두 섬을 기록한 것이 사실로 확인된 지식이 아니라 두 섬일 수도 있다는, 가능성 있는 견해를 받아들인 것에 불과하다고 보게 된다. 하지만 이미 앞서 살펴보았듯이 《세종실록》〈지리지〉의 저본인 《신찬팔도지리지》의 편찬자들은 1도설과 2도설 가운데 2도설을 주설로 채택하여 기록한 것이 아니라, 무릉 등처의 안무사 김인우가 확인하고 조선의 중앙 정부가 사실로 받아들인 우산과 무릉 두 섬에 관한 확인된 지식을 기록한 것이다. 논자는 1481년에 편찬된 《동국여지승람》과 이를 증보·수정하여 1530년에 편찬한 《신증동국여지승람》에서도 2도설을 주설로 채택하고 1도설을 종설로 소개하고 있다고 보았지만, 이 또한 당연히 잘못이다. 《신증동국여지승람》의 편찬자들은 《신찬팔도지리지》 → 《세종실록》〈지리지〉로 이어지는 국가의 공식 견해를 정리하여 수록한 것이므로 2도설을 주설로 채택한 것이 아니라 중앙 정부가 사실로 받아들인 '우산'과 '무릉' 두 섬에 관한 확인된 지식을 기록한 것이다. 다만 1416년 9월 무릉 등처의 안무사로 파견된 김인우가 확인하여 보고하기 전까지는 동해에 한 섬만 기록되어 왔던 사실을 "일설에 우산과 울릉은 본래 한 섬으로 땅이 사방 백 리라고 한다."는 문구로 첨가해 넣은 것이다.

조선 전기를 대표하는 《신찬팔도지리지》와 《동국여지승람》의 편찬 및 《신증동국여지승람》의 수찬(修撰)은, 국가 최고의 전문가들이 지역에서 작성하여 올려 보내거나 중앙에 보관되어 있던 수많은 자료를 여러 해에 걸쳐 철저한 비교 분석을 거쳐 이룩한 국가적인 사업이었다. 이렇게 편찬된 《신찬팔도지리지》와 《동국여지승람》 그리고 《신증동국여지승람》은 국가의 공식 견해를 담고 있는 표준 지리지였다. 따라서 그 내용을 수정하려면 국가에서 확인하여 인정한 새로운 정보가 있어야만 했다. 그 사례를 요도(蓼島)와 삼봉도(三峯島) 사건이 잘 보여 주고 있다. 《세종실록》에는 1429년 12월 27일부터 1445년 8월 17일까지 실제로 다녀온 사람이 있다는 보고가 올라온, 요도에 대한 논의와 조사 과정이 여러 차례에 걸쳐 상당히 자세하게 나온다.

1445년(세종 27) 권맹손이 '요도가 삼척부 바다 가운데 있어 바라보인다'는 전 사직(司直) 남회(南薈)의 말을 세종에게 전하자, 세종도 요도에 관한 소문을 들은 바가 있어 남회로 하여금 다시 요도를 찾아보게 했다. 하지만 최종적으로 "남회가 바다를 전부 찾아

보았으나 결국엔 찾지 못하고 돌아왔으니 요도에 관한 말은 허망한 것이다. 진실로 바다 가운데에 있다면 무릇 눈이 있는 자라면 함께 보았을 터인데 어째서 남회만 볼 수 있고 다른 사람들은 볼 수 없었단 말인가? 권맹손이 남회의 말을 경솔하게 믿고 곧바로 위에 보고했으니 기망함이 되기는 마찬가지다. 남회가 결국 찾지 못하였으니 거짓말로 속인 것이 더욱 분명하다.”[17]는 결론에 이르렀다.

《성종실록》에는 1470년 12월 11일부터 1481년 2월 24일까지 10년이 넘는 기간에 직접 갔다 온 사람이 있다는 보고가 올라온, 동해의 삼봉도(三峯島)에 대한 논의와 조사 과정이 무려 35번이나 기록되어 있다. 하지만 결국엔 중앙 정부가 확인하지 못했다. 조선왕조실록에 ‘우산도’보다 훨씬 오랜 기간 그리고 훨씬 많이 기록되어 전하는 요도와 삼봉도가 《신증동국여지승람》의 본문에는 기록에서 빠져 있다. 이것은 중앙 정부에서 그토록 집요하게 찾아보려 노력했지만 결국엔 찾을 수 없었던 섬을 기록하는 것이 있을 수

---

17 원문은 다음과 같다. “薈竝海候望 竟未得而遷〔還의 오기〕 蓼島之說妄矣 苟在海中 凡有目者所共見 何獨南薈得見 而他人不能也 孟孫輕信南薈之言 遽聞于上 其爲欺罔一也 薈竟不得 其爲誕妄益明矣”(《세종실록》 세종 27년 8월 17일)

없는 일이었기에 당연하고 자연스러운 현상이다.

그런데 《신증동국여지승람》에는 '우산도'와 '울릉도'가 큰 글씨의 본문에서 별개의 두 섬으로 기록되어 있다. 이는 태종의 명령을 받아 파견된 무릉 등처의 안무사 김인우가 무릉(도) 말고도 독도인 우산도를 조사하여 보고한 내용을 중앙 정부가 그대로 인정했기 때문이다. 요도와 삼봉도가 새로운 섬임을 인정받으려면 《신찬팔도지리지》에서 국가의 공식 견해로 채택된 우산과 무릉 두 섬과 또 다른 새 섬임을 중앙 정부의 관리가 확인해야만 했다. 현대의 지식으로 볼 때 동해에 울릉도와 독도인 우산도 말고 독자적인 새로운 섬으로 불릴 만한 섬은 없기 때문에 요도와 삼봉도 사건 때 중앙 정부가 아무리 동해를 샅샅이 찾아보았다 하더라도 결국엔 찾을 수 없었을 것이다. 요도와 삼봉도 사건은 민간인 가운데 동해 바다에서 새로운 섬을 본 사람이 있다거나 실제로 가본 사람이 아무리 많다고 하더라도 중앙 정부에서 파견한 관리가 직접 확인하지 못하면 공식적으로 인정받지 못해 국가 편찬 지리지에 기록될 수 없었다는 사실을 아주 잘 보여 주고 있다.

논자는 《동국여지승람》과 《신증동국여지승람》에 수록된 〈팔도총도〉에 우산도가 울릉도 서쪽에 울릉도와 비슷한 크기로 그려져 있는데 그런 섬은 실재하지 않기 때문에 우산도가 환상의 섬이라는 사실이 분명해진다고 말한다. 《반일 종족주의》에서는 "이 지도를 근거로 독도 고유영토설을 주장하는 것은 우리 학생들에게 동서남북을 혼동하도록 가르치는 폭거와 같습니다."라고 하면서 "차라리 독도를 포기할지언정 그렇게 난폭하게 교육할 수는 없다고 생각합니다. 국제적으로 수치입니다. 인터넷을 검색하면 적지 않은 일본인들이 한국 외교부 홈페이지에 실려 있는 이 지도를 보고 '한국 정부는 동서남북도 구분하지 못하는가'라고 조롱하고 있습니다."라고까지 강하게 비판하였다.

독도가 울릉도에서 동동남쪽으로 87.4km 지점의 바다에 있다는 사실을 잘 알고 있는 현대의 우리들이 "독도는 울릉도의 서쪽에 있습니다."라고 말하거나 지도에 독도를 그릴 때 울릉도의 서쪽에 그린다면 그건 분명 잘못이고 수치다. 하지만 〈팔도총도〉를 그린 제작자에게까지 오늘날의 지식 기준을 그대로 적용하기보다는 좀 더 신중한 접근이 필요하다. 〈팔도총도〉의 제작자에게는 울릉도를 기준으로 우산도의 방향과 크기 정보가 없었다. 그가 우산도와 울릉도의 관계에 대해 갖고 있던 정보는 《신증동국여지승람》의 울진현 산천 조에 기록된 "두 섬은 (울진)현 정동쪽 바다 가운데 있다."는 정보 하나밖에 없었다. 〈팔도총도〉의 제작자는 자신이 갖고 있던 정보를 기초로 우산도와 울릉도를 지도에 그려 넣을 수밖에 없었는데, 그는 기록된 순서에 따라 본토로부터 우산도-울릉도 순서로 두 섬이 있다는 사실만을 그린 것이다.

《신증동국여지승람》에 담긴 우산도와 울릉도 정보는 문장과 지도 두 종류가 있는데, 문장이 우선이고 지도는 그 문장을 이미지로 표현한 것에 지나지 않는다. 〈팔도총도〉에는 우산도와 울릉도뿐만 아니라 대마도, 거제(도), 남해(도), 제주(도), 진도, 흑산도, 군산도, 강화도, 교동도를 그릴 때도 크기는 고려하지 않은 채 해당 방향에 그런 섬이 있다는 정보만 담아냈다. 군산도(群山島, 요즘은 고군산 열도라 부름)와 흑산도의 경우 제주도보다 훨씬 작음에도 크기는 비슷하게 그려져 있다. 경기도의 교동도도 강화도보다 훨씬 작지만 비슷한 크기로 그려져 있다. 제주(도)의 경우 전라도 남해안의 서남 방향 멀리가 아니라 정남의 해안 가까이에 바짝 붙여 그려져 있다. 〈팔도총도〉의 제작자는 우산도가 울릉도의 서쪽에 있다는 정보를 가지고 있지 않았기 때문에 스스로 그렇게 생각했을 리는 없다. 하지만 일단 그려진 지도를 보는 이용자의 입장에서는 울릉도와 비슷한 크기의 우산도가

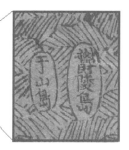

울릉도의 서쪽에 있다고 여길 수는 있다. 거리와 방향이 정확한 현대의 지도에만 익숙한 사람들이 〈팔도총도〉에 그려진 우산도와 울릉도의 방향과 크기에만 초점을 맞추면 오해의 소지가 있을 수도 있겠다.

《반일 종족주의》에서 논자는 《신증동국여지승람》의 〈팔도총도〉가 우산도를 그린 최초의 지도라고 언급하고 있다. 사람들에게 많이 알려진 〈팔도총도〉의

자료 2 정척과 양성지의 〈동국지도〉 계통(1463, 규장각한국학연구원 소장)

우산도와 울릉도 모습을 가지고 우산도가 환상의 섬
이라는 것을 강조하고 싶은 마음이 앞선 나머지 그전
에도 동해 바다에 우산도와 울릉도 두 섬을 그린 우
리나라 지도의 필사본이 꽤 많이 전해지고 있다는 연
구 결과에는 신경을 쓰지 못한 것 같다. 1455년 세조
는 양성지[18]에게 지리지를 편찬하고 아울러 지도를

---

18 양성지(梁誠之, 1415~1482): 1441년에 과거에 급제하였고, 벼
    슬은 정2품의 이조판서와 홍문관 대제학까지 지냈다.《눌재집

그리도록 명하였다. 지리지의 편찬은 제대로 이루어지지 않다가 1468년(예종 즉위년)에 다시 편찬 명령을 받아 본격화되었고, 1478년에 《팔도지리지》로 1차 완성되었다. 이어서 《동문선》의 시문을 분류 첨가하여 1481년에 《동국여지승람》 50권으로 편찬되었고, 세 번의 증보와 수정을 거쳐 1530년에 우리가 익히 잘 아는 《신증동국여지승람》 55권 50책으로 완성되었다.

지도의 제작은 더 빨리 이루어졌는데, 1463년 정척[19]과 양성지 등이 〈동국지도〉, 곧 우리나라 지도를 제작하여 세조에게 바쳤다. 그 뒤 정척과 양성지의 〈동국지도〉[20]는 1740년대에 정상기(뒤에 자세한 설명이 있

(訥齋集)》을 비롯하여 많은 저서를 남긴 학자이자 정치가였다. 지리지의 편찬과 지도의 제작에도 뛰어난 재능으로 유명했다. 《신증동국여지승람》(1531)의 저본이 되었던 《팔도지리지(八道地理志)》 편찬의 최고 책임자였다. 1453년 전국 팔도 안에 성곽 정보를 담아 그린 〈팔도 급 성지도(八道及城地圖)〉, 1463년 우리나라 전체를 그린 〈동국지도(東國地圖)〉의 제작에 참여하였다.

[19] 정척(鄭陟, 1390~1475): 1414년에 과거에 급제하였고, 벼슬은 종2품의 지중추원사(知中樞院事)까지 지냈다. 서예가와 지도 제작자로서 유명하였다. 1450년 평안도와 함경도 지역을 그린 〈양계지도(兩界地圖)〉, 1453년 전국 팔도 안에 성곽 정보를 담아 그린 〈팔도 급 성지도〉, 1463년 우리나라 전체를 그린 〈동국지도〉의 제작에 참여하였다.

[20] 최초 원본은 전하지 않으나 후대 필사본으로 국사편찬위원회에 3종, 규장각에 1종, 녹우당(윤선도 고택)에 1종 등 국내외에 10여 점 안팎이 전해지고 있다.

음)가 대형의 우리나라 지도를 제작하여 큰 인기를 끌기 전까지 우리나라 지도의 표준이 되어 많이 필사 이용되었다. 바로 이 정척과 양성지의 〈동국지도〉에 우산도와 울릉도가 동해에 그려져 있다. 정척과 양성지 지금은 《세종실록》〈지리지〉에만 전해지고 있는 국가의 공식 견해를 지도에 이미지로 표현하였는데, 울릉도를 기준으로 우산도의 방향과 크기 정보를 갖고 있지 않았기 때문에 《신증동국여지승람》의 〈팔도총도〉처럼 본토로부터 우산도−울릉도의 순서로 두 섬이 있다는 정보만 그렸다.

당연한 것이지만, 논자는 안용복 사건에 대해서도 우산도가 실재하지 않는 환상의 섬이라는 관점에서 잘못 이해하고 있다. '안용복 사건'이란 숙종 연간인 1693년에 안용복이라는 자가 울릉도에서 고기잡이하다가 일본인에게 연행되었고, 이 일이 조·일 양국 사이에 영유권 문제로 비화된 사건을 일컫는다. 흔히 '안용복 사건'이라고들 하지만 '울릉도 쟁계'로 부르는 것이 사료에 근거한 용어다. 일본 측은 '다케시마 일건(竹島一件)'으로 부른다. 울릉도 쟁계는 해금정책(海禁政策)을 어기고 조선 어민들이 먼바다 울릉도로 가서 어로하다 일본인과 충돌함으로써 시작되었다. 울릉도에서 양국인이 처음 만난 시기는 1692년이다.

이해에는 일본인보다 조선인의 수가 더 많아 일본 어민들이 빈손으로 돌아가야 했다. 1693년에도 많은 조선인이 와 있는 것을 보게 된 일본 어민들은 이번에도 빈손으로 돌아갈 수밖에 없게 된 상황을 증명하기 위해 안용복과 박어둔 두 사람을 연행하여 요나고(米子)로 돌아갔다. 두 사람은 가는 지역마다 심문받았고, 이런 사실은 에도막부에 보고되었다. 막부는 두 사람을 돌려보내도록 명하면서 일본 땅 다케시마(울릉도)에 조선 어민의 입도를 금지해 줄 것을 조선 측에 요청했다. 이로부터 양국은 울릉도를 둘러싸고 논전을 벌였고, 그것은 일본 정부가 울릉도가 조선 땅임을 인정하는 것으로 귀결되었다. 에도막부는 1696년 1월 일본인의 다케시마(울릉도) 도해를 금지했다.

그런데 도해금지령이 조선에 전해진 것은 1697년 정월이다. 그 사이인 1696년 봄에 안용복은 사전에 계획을 세우고 동행자들을 확보하여 울릉도를 거쳐 자발적으로 다시 일본으로 들어갔다. 안용복의 도일 사실은 막부에도 전해졌는데 안용복의 도일이 두 번째임을 알게 된 일본은 안용복 일행을 추방할 것을 지시했다. 강원도 양양으로 돌아온 안용복은 사형을 언도받았다가 유배형으로 감형되었다. 그가 월경한 죄는 있지만 대마도가 그동안 양국 사이에서 농간을 부린 사실을 폭로했기 때문에 정부가 그 공을 인정해 준 것이다. 1693년에서부터 1696년 사이에 안용복은 울릉도에서 일본으로 가는 도중 우산도를 목격했는데 적어도 네 번 이상 보았다. 안용복은 우산도를 일본 인들이 마쓰시마(松島)라고 부른다는 사실을 알게 되 었다. 안용복의 도일로 말미암아 그 뒤로 조선에서는 "우산도는 일본이 말하는 마쓰시마"라는 인식이 확산 되었다.

논자는 우산도가 일본에서 마쓰시마(松島)라고 부 르는 섬으로 조선 영토임을 주장한 안용복 사건에 대 해 200년 이상 미제(未濟)로 이어온 1도설과 2도설의 대립을 해소하기 위한 좋은 계기였기 때문에 조선 정 부가 마땅히 안용복을 앞세워 우산도를 탐사해야 했 지만 그러하지 않았다고 했다. 하지만 당시 조선의 공식 견해는 우산도와 울릉도는 이미 국가가 인정한 조선의 영토라는 것이었다. 따라서 1도설과 2도설의 대립 같은 것은 없었다. 안용복은 사실의 지식을 일 본에 확인시켰을 뿐이다. 더구나 우산도는 일본과 논 쟁의 대상이 된 섬이 아니었기 때문에 조선 정부가 안용복을 앞세워 굳이 다시 탐사해야 할 아무런 이유 가 없었다.

3. 환상의 심화

☞ 신경준은 우산도=마쓰시마(松島, 독도) 정보를 적극
수용하여 1도설을 폐기하였다

이 절에서 논자는 신경준[21]이 1756년의 《강계고》에
서 1도설을 폐기하고 2도설이 옳다는 결론을 내린
다음, 1770년의 《동국문헌비고(東國文獻備考)》에서 2
도설을 정설로 채택하고 두 섬 모두 옛날 우산국 땅
이라는 새로운 설을 정착시켰다고 보았다. 신경준은
사찬 《강계고》를 영조로부터 인정받아 《동국문헌비고》
(1770)의 〈여지고(輿地考)〉 편찬 책임자로 임명된 자
이다. 《신증동국여지승람》에서는 우산도와 울릉도라

---

[21] 신경준(申景濬, 1712~1781): 43세에 과거에 급제하였고, 벼슬
은 정3품의 종부시 정(宗簿寺正)까지 지냈다. 《운해훈민정음(韻
解訓民正音)》, 《병선책(兵船策)》, 《도로고(道路考)》 등 다양한
방면에 걸쳐 다작을 남긴 학자였으며, 후대 그의 작품을 모아
20권 7책의 《여암전서》로 간행되었다. 《강계지(疆界志)》, 《산수
경(山水經)》, 《도로고(道路考)》, 《산수위(山水緯)》, 《사연고(四沿
考)》, 《가람고(伽藍考)》, 《군현지제(郡縣之制)》 등 지리 관련
저서로 특히 유명하다. 1769년 백과사전인 100권 40책의 《동국
문헌비고》의 〈여지고〉 편찬을 맡았다. 영조에게 거리와 방향이
정확한 우리나라 지도의 제작을 건의하여 허락을 받은 뒤 〈여
지고〉의 편찬과 동시에 진행하여 모두 연결하면 남북 약 5.5m
에 이르는 전국 고을지도책 8권, 대형의 도별지도 8장, 초대형
의 우리나라 전도 족자 1축을 완성하였다.

는 서로 다른 두 섬이 동해 가운데에 있다는 국가의 공식 견해를 기록하면서도 고려시대까지 울릉도 한 섬만 기록되어 있던 점을 고려하여 1도설을 작은 글씨의 분주 말미에 두 줄로 써 주었다. 그런데 신경준은 울릉도 쟁계 관련 기록에서 얻은 우산도=마쓰시마(松島, 독도)라는 지식을 바탕으로 울릉도 말고도 우산도가 있다는 것을 재확인하고서, 《신증동국여지승람》에 기록된 "일설에 우산과 울릉은 본래 한 섬이라고 한다."는 1도설은 이제 써 줄 가치도 없다고 판단하여 기록에서 아예 삭제하였다.

현대의 지식 관점에서 보면 신경준의 판단은 정확했다. 그렇다고 1도설의 폐기가 자동적으로 2도설의 채택을 의미하지는 않는다. 조선의 공식 견해는 우산도와 울릉도라는 서로 다른 두 섬이 동해에 있다는 확인된 사실이지 두 섬이 있을 수도 있다는 2도설이 아니었기 때문이다. 신경준은 《신찰팔도지리지》 → 《세종실록》〈지리지〉 → 《팔도지리지》 → 《동국여지승람》 → 《신증동국여지승람》으로 이어져 온 조선이란 국가의 공식 견해를 그대로 계승했을 뿐 2도설을 새로 채택한 것이 아니었다.

이어서 논자는 신경준이 "울릉도와 우산도 두 섬은 모두 우산국의 땅"이라는 새로운 설을 정착시켰다고 했는데, 이에 대해서는 그전의 어떤 문헌에서도 발견되지 않았기 때문에 필자도 동의한다. 하지만 논자는 "우산도＋울릉도＝우산국"이란 신설이 환상의 심화라고 규정하면서 그 이유를 '우산도가 울릉도와 별개의 섬이라면, 그리고 그 섬에서 우산국이란 나라 이름이 나왔다면, 그 섬은 울릉도만큼이나 크고 사람이 많이 사는 섬이어야 마땅합니다. 그렇지만 그런 섬은 울릉도 주변에 실재하지 않습니다.'라고 강변하고 있다. 여기서 조심해야 할 것이 있다. 논자는 우리나라 사람들이 우산도에서 우산국이란 나라 이름이 나왔다고 주장한다고 말하고 있다. 만약 그런 주장이 있다면 역사적으로 근거할 수 있는 자료가 존재하지 않으므로 그것은 당연히 잘못된 것이어서 고쳐야 한다. 우산국이란 이름에서 우산도의 이름을 따왔다고 추정할 수는 있지만 거꾸로 우산도의 이름에서 우산국이란 나라 이름이 나왔다는 것은 추정할 수도, 주장할 수도 없다. 필자가 아는 한, 국가의 공식 견해를 기록해 놓은 조선시대 국가가 편찬한 전국 지리지에서 "우산도가 울릉도만큼이나 크고 사람이 많이 사는 섬"이라고 기록한 것은 어디에도 없다.

논자는 "독자 여러분, 웃지 마십시오."라는 말로 주목시킨 다음 《승정원일기》의 영조 11년(1735) 1월 17일

영조와 대신들 사이에 울릉도 수토(搜討) 문제를 놓고 오고 간 이야기를 예로 들어 '환상의 심화'를 말하고 있다.[22] 그가 인용한 문구는 다음과 같다.

1697년~1698년 정부에선 장한상을 파견하여 울릉도를 살피고 지도를 그려오게 하였는데 이후 듣자 하니 울릉도는 땅이 넓고 비옥하여 일찍이 사람이 살았고 간혹 선박이 오고 간 흔적이 있다고 하며, 그 서쪽에 또한 우산도가 있는데 이 역시 땅이 넓고 비옥하다고 한다(《승정원일기》 영조 11년 1월 17일).[23]

논자가 언급한 장한상[24]은 1694년에 울릉도를 수토(搜討)한 바 있다. 그런데 논자는 위 내용을 토대로 "조선왕조의 위정자들은 전래의 우산도 환상에 더

---

22 이영훈 외, 《반일 종족주의와의 투쟁》, 미래사, 2020, 191쪽.

23 원문은 다음과 같다. "取魯日 丁丑戊寅年間 朝家送張漢相 看審圖形以來 而聞鬱陵島廣潤土沃 曾有人居基址 或有船舶往來之痕 其西又有于山島 而亦且廣潤云矣"(《승정원일기》 영조 11년 1월 17일)

24 장한상(張漢相, 1656~1724): 1676년에 무과에 급제하여 선전관이 되었다. 1682년에 훈련원 부정副正으로 통신사를 따라 일본에 갔다. 1694년 경상좌도 병마절도사 재직 당시 탐학한 죄로 파직되었다가 그 해에 삼척영장으로 다시 기용되었다. 1694년 가을 울릉도를 수토하고 이를 《울릉도 사적》이라는 기록으로 남겼다. 수토 후 지도와 보고서를 함께 비변사에 제출했다고 하는데, 이들은 현재 전하지 않으므로 《울릉도 사적》으로 보고한 내용을 일부 알 수 있다.

하여 우산도 역시 울릉도와 마찬가지로 넓고 비옥한
섬이라는 더욱 깊어진 환상을 갖게 되었습니다."[25]라
고 말하고 있다. 앞 인용문만 놓고 보면 논자의 이야
기에 설득력이 있어 보인다. 그런데 앞 인용문의 전
체적인 앞뒤 맥락을 보면 이야기가 달라질 수 있다.
조금 길지만 인용하기로 한다.[26]

　　우의정 김흥경이 아뢰기를, "강원감사 조최수의 보고에
'울릉도의 수토를 올해 당연히 거행해야 하지만 강원도의
농사가 참혹한 흉년을 면하지 못하였습니다. (울릉도를)
왕래할 때 소요되는 비용이 모두 백성에게서 나오는데,

25　이영훈 외, 2020, 앞의 책, 192쪽.
26　원문은 다음과 같다. "興慶日 江原監司趙最壽狀啓 鬱陵島搜討
今年當擧行 而道內農事 不免慘凶 往來時所入雜物 皆出民間 營將及
倭學等 所率甚多 累朔候風 所費不些 當此荒年 必多騷擾 今年姑爲
停止 待年豐擧行事陳請矣 今年關東事 果爲凶歉 多人治送 累朔候
風 不無弊端 而此是定式以三年一往者也 昨年旣不得擧行 今年又爲
停止 則殊無當初定式之意 何以爲之 上曰 此事 何如 取魯曰 丁丑戊
寅年間 朝家送張漢相 看審圖形以來 而聞鬱陵島廣潤土沃 曾有人居
基址 或有船舶往來之痕 其西又有于山島 而亦且廣潤云矣 其後仍有
三年一搜討之定式 此與年例操鍊停止有異 事係海防 申飭 恐不當以
本道歉荒 些少弊端 每年停廢矣 廷濟曰 往在丁丑年間 倭人請得鬱陵
島 故朝家嚴辭不許 而使張漢相往見此島 三年一往 仍爲定式矣 本道
凶歉 固爲可念 而此事之每每停廢 亦甚可悶矣 上曰 兩重臣所達是矣
候風雖有弊 而此蓋憚於越海 不欲往見之致也 此地若棄之則已 不然
豈可不爲入送耶 今年則搜討事擧行之意 分付可也"(밑줄친 부분은
이영훈이 인용한 문구다)

영장(營將)과 왜학(倭學) 등이 거느리는 인원이 매우 많고 여러 달 순풍을 기다리는 데 드는 비용이 적지 않습니다. 이런 흉년에는 반드시 소요하는 일이 많을 것이니 올해는 잠시 (수토를) 정지하였다가 풍년이 들기를 기다린 뒤에 수토하기를 간절히 청합니다.'라고 했습니다. 올해 관동의 농사는 정말로 흉년입니다. 많은 사람을 파견하고 여러 달 순풍을 기다리느라 폐단이 없지 않습니다. 하지만 이 일은 3년에 한 번 가는 것을 정식으로 하고 있습니다. 작년에도 거행하지 못했는데 올해도 정지한다면 당초 규식을 정한 뜻이 자못 없지 않으니 어떻게 해야겠습니까?"라고 하였다.

임금이 말하기를, "이 일은 어찌하면 좋겠느냐?"라고 하였다.

좌참찬 김취로가 아뢰기를, "정축년(1697)과 무인년(1698) 사이에 조정에서 장한상을 보내어 자세히 살펴 섬의 모습을 그려오게 한 이래 듣자 하니, 울릉도는 땅이 매우 넓고 토질이 비옥하여 사람들이 살았던 터가 있고, 간혹 선박이 왕래한 흔적도 있다고 합니다. 울릉도 서쪽에는 또한 우산도가 있는데, 이 섬도 넓고 땅이 비옥하다고 합니다. 그 뒤 3년에 한 번 수토하는 것을 정식으로 하게 되었는데, 이는 연례로 하면 군사훈련을 정지하는 것과는 차이가 있습니다. 일이 해방(海防)에 관계되어 있어 엄격히 신칙하는 것이니 본도의 흉년과 사소한 폐단 때문에 매년 정지하거나 폐기해서는 안 될 듯합니다."라고 하였다.

호조판서 이정제가 아뢰기를, "지난 정축 연간에 일본인이 울릉도를 얻기를 청한 적이 있으므로 조정에서는 엄한 말로 거절하고 허락하지 않았었는데, 장한상으로 하여금 가서 보게 한 뒤로는 3년에 한 번 가는 것을 그대로 정식定式으로 삼았습니다. 본도의 흉년은 실로 염려됩니다만 이 일을 매번 중단하거나 폐기하라는 것도 염려스럽습니다."라고 하였다.

임금이 이르기를, "두 대신이 아뢴 바가 옳다. 순풍을 기다리느라 폐단이 있긴 하지만 이는 대체로 바다 건너기를 꺼려서 가서 살펴보려 하지 않는 데서 생긴 폐단이다. 이 땅을 포기한다면 그만이지만 그렇지 않다면 어찌 들여보내지 않을 수 있겠는가. 올해는 수토하는 일을 거행하라는 뜻으로 분부하는 것이 옳다."고 하였다.

위에서 "울릉도 서쪽에는 또한 우산도가 있는데, 이 섬도 넓고 땅이 비옥하다고 합니다(其西 又有于山島 而亦且廣潤云矣)."라는 말은 좌참찬 김취로가 한 말이다. 그런데 논자는 김취로의 말을 확장시켜 "조선왕조의 위정자들은 전래의 우산도 환상에 더하여 우산도 역시 울릉도와 마찬가지로 넓고 비옥한 섬이라는 더욱 깊어진 환상을 갖게 되었습니다."[27]고 말하고 있다. 우산도가 울릉도의 서쪽에 있으며 넓고 비옥하

---

27 이영훈 외, 2020, 앞의 책, 192쪽.

다는 기록은 앞의 인용문에 나오는 좌참찬 김취로의 말 말고는 없다. 국왕이 대신을 만나 보는 자리에서 한 인물이 한번 언급한 말을 조선왕조의 위정자들이 모두 가지고 있었던 환상적인 견해라고 말하는 것은 지나친 논리의 비약 아닌가.

국왕이 대신을 만나 보는 자리에서 한 인물이 한번 언급한 말이라 하더라도 그것이 채택되어 국가 편찬 지리지에 정식으로 기록되었다면 '조선왕조의 위정자 들'이 그렇게 인식하고 있었다고 표현해도 무방하다. 하지만 조선 후기에 국가가 심혈을 기울여 편찬한 《동국문헌비고》와 《만기요람》 어디에도 그런 내용은 수록되어 있지 않다. 《세종실록》에 요도(蓼島)가, 《성종실록》에 삼봉도(三峯島)가 그렇게나 많이 논의되고 기록되었음에도 《신증동국여지승람》을 비롯하여 국가 편찬 지리지 어디에도 채택되어 수록되지 않았다는 사실을 상기하면 된다. 좌참찬 김취로의 말은 임금과 만난 자리에서 한 번 언급된 것일 뿐 그것은 국가가 정식으로 조사하여 확인한 지식이 아니었기 때문이다.

김취로가 "울릉도 서쪽에는 또한 우산도가 있는데, 이 섬도 넓고 땅이 비옥하다고 합니다."는 생각을 가 질 만한 자료는 많았다. 《신증동국여지승람》에 수록된 〈팔도총도〉와 〈강원도〉 지도를 포함하여 18세기 전반까지 울릉도 서쪽에 울릉도와 비슷한 크기나 절반 정도의 크기로 우산도를 그린 지도는 얼마든지 있었기 때문이다. 다만 이미 앞에서 언급했듯이 그런 지도의 우산도-울릉도 이미지는 "동해에 우산도와 울릉도가 있다"는 사실의 지식을 표현한 것이다. 지도에 우산도를 그려 넣은 지도 제작자들이 참고한《신증동국여지승람》에는 울릉도를 기준으로 우산도의 방향이나 크기의 정보가 수록되어 있지 않았다.

4. 우산도의 이동

☞ **조선시대 국가가 제작한 지도는 사실로 확인한 '우산도'의 정보만 그렸다**

우산도를 포함하여 조선시대의 지도를 검토하거나 해석할 때 간단하지만 먼저 알아 두어야 할 지식이 바로 지도의 제작 방법이다. 근대 이전의 전통식 지도이든 근대 이후의 근대식 또는 현대식 지도이든 지도의 제작자가 지도를 제작하는 원리는 동일하다. 스스로 조사했든 다른 사람이 조사했든 이미 조사된 위치 정보를 확보하여 그것을 지면 위에 축소하여 이미지로 그려 내는 것이다. 그래서 지도의 정확성은 지도의 제작 기술이 아니라 지도의 제작자가 확보한 위치 정보의 정확성에 따라 달라진다. 안타깝기는 하지만 일제강점기 전까지도 조선은 전국에 걸쳐 거리와 방향의 위치 정보를 정확하게 측정할 수 있는 근대식 측량을 시행하지 못했다는 것을 사실 그대로 인정해야 한다. 개항기부터 서양 및 일본에서 전래된 근대식 측량 지도의 성과가 우리나라 지도의 제작에 영향을 미치기 시작했지만 그것이 전국에 걸쳐 적용된 시기는 빨라야 1900년대에 들어서고부터다.

조선시대의 지도를 검토할 때 거리와 방향이 정확한 근대식 측량 지도의 관점에서 바라보고 싶은 마음이 굴뚝같더라도 꾹 참고 조선시대 지도의 제작자들이 지도를 그릴 때 확보한 위치 정보가 어떤 것이었는지의 관점에서만 검토하고 해석해야 한다. 논자는 우산도 관련 조선시대의 전통식 지도를 거리와 방향이 정확한 근대식 지도의 관점에서 보고 싶어 하는 안타까운 태도를 보이고 있다. 조선시대의 대표적인 지도 제작 과정을 잘 이해한다면, 조선시대 지도에 나타난 우산도 위치의 이동이 우산도가 환상의 섬이라는 것을 말해 준다는 논자의 주장에 대한 반론으로 충분하지 않을까 한다.

　우리나라의 모습을 확인할 수 있는 가장 오래된 지도인 1402년 이회의 〈혼일강리역대국도지도〉, 두 번째로 오래된 1463년 정척과 양성지의 〈동국지도〉, 세 번째로 오래된 《동국여지승람》(1481)과 《신증동국여지승람》(1531)의 〈팔도총도〉와 〈강원도〉 지도의 우산도 관련 지도의 제작 과정에 대해서는 이미 앞에서 서술했으니 여기서는 생략한다. 《신증동국여지승람》에 수록된 우리나라 전도인 〈팔도총도〉와 도별지도 8장은 거리와 방향의 정확성에서는 수준이 낮지만 당시 양반들이 알고 싶어 했던 우리나라 전체와 팔도의 주요 정보를 잘 수록하고 있으며, 크기도 작아서 보기에 편리했다. 그래서 1500년대 후반부터 우리나라 전도와 도별지도 8장만 분리하여 수록한 지도책이 제작되어 유행하기 시작했는데, 연구자들은 이 계통을 《신증동국여지승람》의 지도 판심(版心)에 적힌 동람도(東覽圖)란 이름을 따서 '동람도식' 또는 '동람도식 소형 지도책 계통'이라 부른다. 1600년대부터는 원형천하도-중국도-일본국도-유구국도를 합해 13장으로 이루어진 전형적인 지도책이 나타났으며, 일제강점기 전까지 다양한 종류의 목판본과 필사본이 유행하였다. 동람도식 소형 지도책 계통은 지도 또는 지도책으로서 조선에서 가장 많이 제작·이용되었기 때문에 현재도 수백 종이나 전해질 정도로 흔하다.

동람도식 소형 지도책 계통은 기본적으로 《신증동국여지승람》의 〈팔도총도〉와 〈강원도〉 지도를 모본으로 삼았기 때문에 우산도-울릉도의 모습도 동일하게 그렸다. 하지만 첫째, 우산도의 위치를 울릉도의 남쪽 등으로 변화시킨 경우가 있고 둘째, 우산도(于山島)의 이름을 비슷한 한자의 간산도(干山島), 방산도(方山島), 자산도(子山島) 등으로 잘못 기재한 경우가 있으며 셋째, 우산도를 아예 빼먹은 경우도 있다. 이러한 여러 가지 경우는 지도의 제작자가 새로운 정보를 확보하여 정밀하게 비교 검토한 뒤 선택하여 바꾼 것이 아니다. 여러 번 베껴 전해 오던 과정에서 실수하거나 또는 여백의 부족을 해결하기 위한 자의적 판단 등에 따라 나타난 현상일 뿐이다. 동람도식 소형 지도책 계통에서 나타나는 '우산도'의 변화 양상을 통해 독도인 우산도의 정보를 이해하려 해서는 안 된다.

동람도식 소형 지도책 계통을 제외하고 현재까지 전해지는 1600년대와 1700년대 초반의 지도는 대부분 우산도가 울릉도의 서쪽에 비슷하거나 약간 작은 크기로 그려져 있다. 이 밖에 울릉도를 기준으로 첫째, 우산도가 울릉도의 서쪽이 아닌 다른 곳에 있는 것 둘째, 울릉도 또는 우산도를 무릉도라고 기록한 것 셋째, 울릉도 한 섬만 그린 것 등의 편차도 발견된다. 이런 편차들은 지도의 제작자들이 《신증동국여지승람》 말고 다른 정보를 확보하여 면밀히 검토하였기 때문에 나타난 것이 아니다. 1500년대부터 1700년대 초반까지는 지도의 제작자들이 우산도 관련 정보로서 참조할 수 있는 자료로는 《신증동국여지승람》에 수록된 "두 섬은 (울진)현 정동쪽 바다 가운데 있다."는 정보 말고는 존재하지 않았다.

1740년대에 이르면 현대의 우리나라 모습과 거의 비슷한 수준으로 정확한 정상기[28]의 〈동국지도〉가 제작되었다. 이용하기 편리하도록 전국을 8장으로 나누어 그렸으며, 모두 합하여 전도로 그리면 남북 2.5m 안팎의 대형 지도가 된다. 정상기는 정확하게 그리려

---

28 정상기(鄭尙驥, 1678~1752): 몸이 약해서 과거 시험을 포기하고 학문에만 전념하였다. 《인자비감(人子備鑑)》, 《농포문답(農圃問答)》, 《심의설(深衣說)》, 《도령편(韜鈴篇)》, 《향거요람(鄕居要覽)》, 《치군요람(治郡要覽)》 등 다방면에 걸쳐 저술을 남겼다. 현재는 《농포문답》만 전해진다. 말년인 1740년대에 〈동국지도(東國地圖)〉를 제작했는데 현대의 우리나라 지도와 거의 비슷한 모습으로 그린 첫 번째 지도 제작자였다. 아들인 정항령(鄭恒齡, 1710~1770), 손자인 정원림(鄭元霖, 1731~1800), 증손자인 정수영(鄭遂榮, 1743~1831)이 정상기의 〈동국지도〉를 지속적으로 수정 보완해 나갔다.

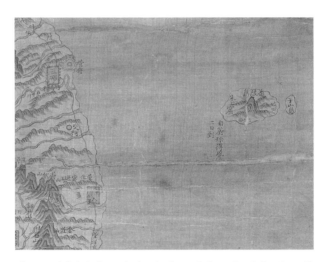

자료 3 정상기의 〈동국지도〉 계통(1740년대, 국립중앙박물관 소장)

노력했을 뿐만 아니라 자신의 지도를 동일하게 베껴 그려서 이용할 수 있도록 많은 배려를 하였기 때문에 일제강점기 전까지 조선에서 민간뿐만 아니라 국가 기관에서도 선풍적인 인기를 끌었다. 더욱이 정상기가 그린 지도는 원본 형태의 대형뿐만 아니라 중형과 소형으로도 축소 제작되어 이용되었다. 판본이 3종이나 발견된, 남북 약 1m 크기의 목판본으로 우리나라 전도인 〈해좌전도(海左全圖)〉가 대표적이다.[29] 정상기의

---

29 양윤정, 〈목판본 조선전도《해좌전도》의 유형 연구〉, 《문화역사지리》 18권(1호), 한국문화역사지리학회, 2006, 63~77쪽.

〈동국지도〉 계통은 현재까지 전해지는 조선시대의 지도 또는 지도책이란 관점에서 동람도식 소형 지도책 다음으로 많을 정도로 흔한 편이다.

정상기는 《신증동국여지승람》의 "두 섬은 (울진)현 정동쪽 바다 가운데 있다."는 정보를 계승하고 안용복 시대의 '울릉도 쟁계'를 통해 확보된 우산도=마쓰시마(松島)라는 지식을 받아들여 우산도를 울릉도의 동쪽에 작게 그렸다. 다만 울릉도 쟁계에서도 울릉도와 우산도 사이의 거리 정보를 알 수 없었기 때문에 그가 발문에 적은 "바다의 섬 가운데 제주도, 울릉도, 흑산도, 홍의도, 가가도 등은 수로가 매우 멀어 그 거리 같은 것을 알 수 없어 단지 해당 지도의 끝 부분에 붙여 그려 넣었다."는 원칙을 적용하여 우산도를 울릉도의 동쪽 가까이에 그려 넣었다. 정상기의 지도 계통 가운데서도 첫째, 우산도가 아예 그려져 있지 않을 뿐만 아니라 이름도 적혀 있지 않은 것이 있고, 둘째, 우산도의 모습은 그려지지 않은 채 于山島(우산도)란 한자만 적혀 있는 것도 있으며, 셋째, 于山島 (우산도)란 한자의 위치도 울릉도 동쪽이 아니라 동북쪽, 북쪽 등으로 적혀 있는 것이 있고, 넷째, 우산도의 한자가 于山島(우산도)가 아니라 干山島(간산도) 등으로 잘못 적혀 있는 것도 있다. 정상기의 지도 계

통 속에서 나타나는 우산도에 대한 다양한 표현도 필
사한 사람이나 축소 변형시켜 편집한 사람이 상황에
따라 자의적으로 그렸기 때문에 나타난 현상이지 다
른 정보를 확보하여 면밀하게 검토하여 그린 것이 아
니다.

　1463년 정척과 양성지의 〈동국지도〉, 《신증동국여
지승람》의 〈팔도총도〉와 〈강원도〉 지도는 임금의 명
을 받아 제작한 국가 편찬 지도이기 때문에 조선이란
국가의 공식 견해를 담고 있는 자료다. 하지만 정상
기의 〈동국지도〉는 '정상기'란 개인이 제작한 것이기
때문에 아무리 잘 그리고 아무리 유행했다고 하더라
도 조선이란 국가의 공식 견해를 담고 있다고 말할
수는 없다. 그런데 정상기의 〈동국지도〉 출현과 유행
은 대형 또는 초대형의 정확한 우리나라 지도 제작에
도 새로운 출발점이 되었다. 영조의 명을 받아 제작
한 신경준의 지도가 정점을 찍는다. 신경준은 영조의
명을 받아 《동국문헌비고》의 〈여지고〉 편찬과 우리
나라 지도의 제작을 동시에 진행시켜 1770년 8월에
남북 약 5.5m 이상 되는 초대형의 우리나라 전도 1
축, 도별지도 8장, 도별 고을지도책 8권을 완성시켰
다. 여기에는 우산(도)이 울릉도의 동쪽 40리 지점에
그려져 있는데, 그가 편찬한 《동국문헌비고》의 〈여지

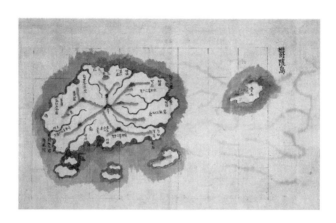

자료 4 신경준의 울릉도 지도(1770, 국립중앙도서관 소장)

고〉에 서술된 울릉도 쟁계 속의 우산도=마쓰시마(松
島, 독도)라는 지식을 이미지로 표현한 것이다. 따라
서 신경준 지도 속의 우산(도)은 누가 봐도 독도를
그린 것이며, 영조의 명을 받아 제작한 것이기에 국
가의 공식 견해를 담고 있는 자료다.

 신경준의 전국 고을지도책은 국가와 민간에서 여러
번 베껴서 이용되었고, 내용은 그대로 계승하면서 이
용하기 편리하도록 편집한 개정본이 나타났다. 그 정
점에 국립중앙도서관 소장 《해동여지도》(3책)30 계통

---

30 《해동여지도》(3책)는 신경준의 지도책 계통을 이용하기 쉽도
 록 편집한 전국 고을지도책이다. 1~2책에는 전국 팔도의 모든
 고을과 울릉도의 지도가 수록되어 있고, 3책에는 1~2책의 고

이 있다. 여기에는 우산(도)이 울릉도 본섬에 더 가깝게 그려져 있는데, 우산(도)을 포함하여 전국의 모든 지도의 내용이 신경준이 그린 지도를 그대로 계승하였기 때문에 《해동여지도》계통 속의 우산(도)도 독도를 그린 것이다.

우리나라 최고의 지도 제작자인 김정호[31]는 《해동여지도》계통의 지도책을 입수하여 검토한 뒤 내용은 그대로 계승하면서 이용하기 편리하도록 편집한 《청구도》를 4회에 걸쳐 제작하였다. 《청구도》에는 울릉도 본섬 동쪽에 우산(도)이 그려져 있는데, 《해동여지도》계통의 내용을 그대로 계승한 것이기 때문에 역시 독도이다. 그런데 김정호는 당시의 지도와 지리지를 최대한 수집하고 비교 검토하여 새로운 지도를 제작하

을 지도 순서와 동일하게 고을의 지지 정보를 정리해 놓았다. 국립중앙도서관 홈페이지에서 '해동여지도'로 검색한 뒤 청구기호 '古貴2017-36'의 원문보기를 누르면 모든 원문 이미지를 볼 수 있다.

31 김정호(金正浩, 1804~1866 추정): 평생 지도 제작과 지리지 편찬에 전념했다. 그는 판매를 목적으로 초대형의 지도책 또는 지도첩부터 중형과 소형의 낱장지도까지 다양하게 제작하였다. 그래서 그의 첫 번째 고민은 소비자들이 구매해 갈 수 있는 이용하기 편리한 지도의 제작이었고, 두 번째 고민은 거리와 방향이 정확한 지도의 제작이었다. 그는 지도 제작과 함께 전국 고을지리지의 편찬에도 심혈을 기울였으며, 마지막 지리지인 32권 15책의 《대동지지(大東地志)》는 일부 미완성의 작품이다.

고 새로운 지리지를 편찬하는 과정에서 《해동여지도》 계통 속의 우산(도) 정보에 대해 확신을 갖지 못하게 되었다. 이때 그가 새로 확보한 우산도 정보가 앞에서 언급된 《승정원일기》 속 좌참찬 김취로의 말이다. 김정호는 민간인이었기 때문에 《승정원일기》를 볼 수 없었는데, 그가 수집한 자료 가운데 하나인 《국조보감》(영조 11년, 1735)에 이렇게 기록되어 있었다.

　　강원감사 조최수가 아뢰기를, "울릉도를 1, 2년마다 한 번씩 수토하는데, 올해는 흉년이 들어 순풍을 기다리는데 폐단이 있을 수 있으니 우선 수토를 정지할 것을 청합니다."라고 하였는데, 임금이 이를 가지고 경연에 참가한 신하들에게 물었다. 대답하기를, "지난 정축년에 일본인들이 와서 이 섬을 청하였기 때문에 조정에서 특별히 장한 상을 보내 살피고 섬의 모습을 그려 오게 하였습니다. 대체로 그 섬은 땅이 넓고 토질이 비옥하며 사람이 거주했던 옛터가 있습니다. 그리고 그 서쪽에는 또한 우산도라는 것이 있는데 이 섬도 매우 광활합니다. 이에 조정에서 마침내 3년에 한 번 수토하는 제도를 정하여, 지금까지 지켜서 행해 왔습니다."라고 하였다. 임금이 말하기를, "이 땅을 포기한다면 그만이겠지만 그렇지 않다면 어찌 수토하지 않을 수 있겠는가."라고 하고는, 마침내 수토를 명하였다.[32]

《국조보감》은 《승정원일기》의 내용을 요약하면서 "그 서쪽에는 또한 우산도라는 것이 있는데 이 섬도 매우 광활합니다."라는 말을 누가 한 것인지 알 수 없도록 애매하게 기술하였다. 이 말은 좌참찬 김취로의 말인데, 김정호는 이 말을 강원감사 조최수가 보고한 내용으로 착각하였다. 어쨌든 《국조보감》의 기록은 울릉도 동쪽에 우산(도)이 그려진 《해동여지도》 계통의 지도책 내용과 상치되는 것이었고, 직접 가서 확인해 볼 수 없는 김정호로서는 고민스러울 수밖에 없었다. 김정호는 첫 번째의 《청구도》에 이미지로는 《해동여지도》 계통의 내용을 그대로 옮겨 울릉도 본섬 동쪽에 우산(도)을 그려 넣고, 주기에는 "영조 때 강원감사 조최수가 보고하여 아뢰기를, '본섬은 땅이 넓고 토지가 비옥하며 사람이 거주했던 옛터가 있고, 그리고 그 서쪽에는 또한 우산도가 있다고 합니다.' 라고 하였다."는 문장을 써넣었다. 일종의 절충인 셈이다. 그런데 두 번째 《청구도》에서는 "영조 11년

---

32 원문은 다음과 같다.
　"江原監司趙最壽啓言 鬱陵島一二年一搜討 而今年歉荒 候風有弊 請停其搜討 上以問筵臣 對曰 往在丁丑 倭人來請此島 故朝家特送張漢相 相視圖形 蓋其島中地廣土沃 有人居舊址 而其西又有于山島者 亦甚廣闊 故朝家遂定爲三年一搜討之制 至今遵行矣 上曰 若棄此址則已 不然何可不搜討乎 遂命搜討"(《國朝寶鑑》제61권 영조조 5, 11년)

(1735) 강원감사 조최수가 보고하여 아뢰기를, '울릉도는 땅이 넓고 토지가 비옥하며 사람이 거주한 옛터가 있습니다. 그리고 그 서쪽에는 또한 우산도가 있는데 이 섬도 매우 넓다고 합니다.'라고 했는데, 이른바 西(서)라는 글자는 이 지도에서 (우산도가 울릉도의) 동쪽에 있는 것과는 서로 어긋난다."라는 주기를 달아 고민하던 상황을 더욱 구체적으로 기술했다. 세 번째 《청구도》에서는 이 주기를 생략했다가 네 번째 《청구도》에서는 "영조 때 강원감사 조최수가 보고하여 아뢰기를, '울릉도는 땅이 넓고 토질이 비옥하며 사람이 거주했던 옛터가 있습니다. 그리고 그 동쪽에 또한 우산도가 있는데 이 섬도 광활합니다.'라고 하였다."라는 내용으로 바꾸었다.

김정호는 《청구도》를 네 번 제작한 다음 1850년대부터는 《대동여지도》 또한 네 번에 걸쳐 제작했다. 첫 번째 《대동여지도》에서는 우산(도) 위치에 섬을 그리고 이름은 쓰지 않았다가, 두 번째 《대동여지도》부터는 우산(도)의 이미지도 아예 그리지 않았다. 논자는 김정호의 지도 속에 나타나는 이런 변화를 두고서 "김정호는 《삼국사기》를 포함한 여러 문헌을 고증한 결과 우산도는 원래 없는 섬이라는 결론을 내렸던 것입니다."라고 말하고 있다. 지도 속의 변화만 보면 논자처럼 이야기할 수 있지만 김정호가 편찬한 지리지까지 살펴보면 다르다. 김정호가 편찬한 《동여도지》(20책)와 《여도비지》(20책, 공편) 그리고 네 번째 《대동여지도》 다음에 편찬하다가 미완으로 남기고 사망한 《대동지지》(15책)에는 우산도 관련 정보로 "영조 때 강원감사 조최수가 보고하여 아뢰기를, '울릉도는 땅이 넓고 토지가 비옥하며 사람이 거주했던 옛 터가 있습니다. 그리고 그 서쪽에 또한 우산도가 있는데 역시 광활합니다.'라고 하였다."라는 내용을 모두 서술해 놓았다.

김정호는 자신이 수집한 문헌 속에 우산(도)에 대한 서로 다른 두 정보가 전해지고 있는 것을 보고 《청구도》에서는 두 정보 모두를 수록했다가 《대동여지도》에서는 두 정보를 모두 삭제했다. 하지만 지리지에서는 《국조보감》의 정보를 서술했는데, 이는 김정호가 '우산도가 원래 없는 섬'이라는 결론을 내린 것이 아니라 《국조보감》의 기록을 선택했다는 것을 의미한다. 현대의 지식에서 보면 김정호의 마지막 선택(우산도 이미지 누락)은 틀렸고, 우리는 이런 사실을 있는 그대로 인정해야 한다. 다만 우산도의 위치에 대한 김정호의 잘못된 선택이 담긴 지도는 직접 가서 확인할 수 없는 상황에서 민간인 지도 제작자로서의 한계가 있는 개인이 만든 것이기 때문에, 국가의 공식 견해를 담고 있는 자료가 아니다.

마지막으로 1711년 수토관(搜討官)으로 파견된 박석창[33]의 〈울릉도 도형(鬱陵島圖形)〉 속에 그려진 '소위우산도(所謂于山島)'에 대해 반론하겠다.

논자는 〈울릉도 도형〉이 "울릉도 서쪽에서 동쪽으로 옮겨온 우산도가 구체적으로 어떤 섬인지를 보여주는 최초의 지도이기도 합니다."[34]라고 말한다. 하지만 〈울릉도 도형〉에는 분명히 우산도(于山島)가 아니라 '소위우산도(所謂于山島)'라고 적혀 있는데 논자는 이런 사실을 왜곡하고 있다. '소위우산도(所謂于山島)'는 '소위(所謂)'와 '우산도(于山島)'의 결합인데, '이른바' 또는 '세상에서 말하는바'라는 뜻의 '소위'는 어떤 것에 대한 단정이 아니라 사실일 것이라는 추정 또는 전문(傳聞)의 의미를 담고 있다. 따라서 '소위우산도'

---

33 박석창(朴錫昌, 생몰년 미상): 1708년 오위장이었다가 1711년 5월 삼척영장으로서 울릉도를 수토했다. 수토행적을 각석문으로 남겼는데 수행원의 명단 일부가 새겨져 있다. 수토한 뒤 〈울릉도 도형〉을 그려 제출했는데 도형에 적힌 그의 직함은 '수토관 절충장군 삼척영장 겸 수군첨절제사(搜討官折衝將軍三陟營將兼水軍僉節制使)'이다. 도형에는 중봉(中峯), 혈암(穴巖), 왜선창(倭舡倉), 저전동(佇田洞), 소위우산도(所謂于山島) 등의 지명이 표기되어 있다.

34 이영훈 외, 2020, 앞의 책, 196쪽.

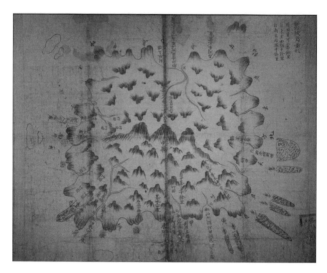

는 '이른바(또는 세상에서 말하는 바) 우산도일 것으로 판단 또는 추정되는 섬'이라는 뜻으로, 울릉도 동쪽 약 2.3km 지점에 있는 竹島(댓섬)을 가리킨다.

물론 '소위우산도'에서의 '우산도'는《신증동국여지승람》을 비롯하여 조선 전기 계통의 지리지와 지도 자료에 나오는 독도를 가리킨다. 우산도를 찾아서 보고해야 하는 의무를 가지고 있던 수토관 가운데 울릉도의 본섬과 여러 부속섬을 자세하게 조사했지만 중앙 정부의 믿음에 확실하게 부합하는 우산도를 찾지 못하는 경우가 발생했다. 그래서 수토관들은 어쩔 수 없이 竹島(댓섬)을 지도에 그리고 그 위에 단정적인 이름의 '우산도'가 아니라 추정적인 문구인 '소위우산도'를 기록하여 혹시라도 있을지 모를 중앙 정부의 의심을 최소화하려 했던 것이다. 물론 결과론적으로 그들의 판단 또는 추정은 틀렸다. 하지만 그렇다고 해서 그것이 우산도=독도가 틀렸다는 것을 의미하는 것은 아니며, 그 대신 '소위우산도=독도'가 아니라 '소위우산도=竹島(댓섬)'이라는 사실만을 알려줄 뿐이다.

1720년 전후로 제작된 그림식 전국 고을지도책 속의 울릉도 지도에는 박석창의 〈울릉도 도형〉처럼 울릉도 본섬의 동쪽에 '소위우산도'란 섬이 그려져 있다. 그리고 이 계통의 지도책이 국가와 민간에서 여러 번 필사되어 이용되었고, 현재도 규장각한국학연구원과 국립중앙도서관을 비롯하여 여러 기관에 최소 8종 이상이 소장되어 있다. 정상기와 신경준도 정확한 우리나라 지도를 제작할 때 이들 지도책의 정보를 주요 자료로 적극 이용했다. 그러나 그들은 우산도에 대해서는 '소위우산도'가 우산도를 가리킨다고 보지 않고 울릉도 쟁계 속의 '우산도=마쓰시마(松島)'라는 지식을 채택하였다.

5. 장한상의 《울릉도 사적》

☞ **논자는 조선의 문헌 기록을 왜 의심부터 하는가?**

이 절에서 논자는 1694년 울릉도를 조사한 장한상 (張漢相)이 우산도를 가리키는 듯한 언급을 했지만 여러 정황상 그가 독도를 관측했을 가능성은 거의 없 다고 주장한다. 1693년 울릉도에서 어로하던 안용복 과 박어둔이 일본 어민에게 연행된 '울릉도 쟁계'가 발생하자, 조선 정부는 일본 정부와 교섭을 진행하는 한편 1694년 가을 삼척영장 장한상을 울릉도로 파견 했다. 장한상은 군관을 먼저 보내 8월 22일부터 9월 1일까지 사전 답사를 하게 했고, 자신은 그 뒤를 이 어 울릉도로 출발했다. 그는 역관을 포함한 수행원 150명, 6척의 배를 통솔하고 입도한 뒤 9월 21일부터 조사를 시작하여 10월 3일까지 울릉도에 머무르면서 자세히 조사했다.

장한상이 이렇게 철저히 준비하고 오랫동안 조사하 여 보고한 내용은 《울릉도사적(蔚陵島事蹟)》(1782)과 박세당35의 《울릉도(鬱陵島)》에 매우 길고 자세하게

---

35 박세당(朴世堂, 1629~1703): 1660년에 문과에 급제하여 벼슬

기록되어 있다.

장한상은 《울릉도사적》에서 "서쪽으로는 구불구불한 대관령의 모습이 보이고, 동쪽으로 바다를 바라보니 동남쪽에 섬 하나가 희미하게 있는데, 크기는 울릉도의 3분의 1이 안 되고, 거리는 300여 리에 지나지 않는다"[36]고 했다. 장한상이 말한, 울릉도 동남쪽의 희미한 섬이 바로 독도를 가리킨다. 그리고 그는 울릉도 "동쪽으로 5리쯤 되는 곳에 작은 섬이 하나 있는데, 그리 높고 크지는 않으나 해장죽(海長竹)이 한쪽에 무더기로 자라고 있"다고 하여, 울릉도 옆의 댓섬을 언급하고 있다. 다만 그는 이 섬을 竹島(댓섬)이라고 명기하지는 않았다.

한편 《숙종실록》 1694년 8월 14일의 기록에는 "장한상이 그려서 올린 (지도의) 산천과 거리가 《여지승람》에 실려 있는 것과 많이 달라 혹자는 장한상이

길에 오른 뒤 여러 관직을 역임하였으며 1668년에는 서장관(書狀官)으로 북경에 다녀왔다. 노론과 정치적 대립관계에서 박세채, 최석정, 남구만 등의 소론과 교류했고, 남구만은 그의 처남이다. 남구만이 박세당에게 울릉도 쟁계 관련 정보를 제공했을 것으로 보인다.

[36] 원문은 다음과 같다.
"西望大關嶺逶迤之狀 東望海中有一島杳在辰方 而其大未滿蔚島三分之一 不過三百餘里"(《蔚陵島事蹟》)

가 본 곳이 진짜 울릉도가 아닐지도 모른다고 의심하기도 하였다."는 내용까지 기록되어 있다. 그럼에도 불구하고 장한상의 기록을 믿지 않는 논자의 태도는 일본의 기록은 무조건 믿고 싶어 하면서도, 조선의 기록은 먼저 의심부터 하고 싶어 하는 마음이 습관화되었기 때문으로밖에 보이지 않으므로 더 이상의 반론은 하지 않겠다.

제3장
'우산도' 인식은 단절되었는가?

l. 이규원의 울릉도 검찰

☞ 이규원은 우산도의 존재를 몰랐지만 竹島(댓섬)과 島項
(섬목)의 지명을 남겼다

　논자의 요지는 다음과 같다. 1882년 울릉도 개척을
앞두고 고종이 이규원[1]에게 울릉도 근방에 있는 松島
와 竹島, 于山島에 대해 알아올 것을 명하자, 이규원
은 우산도는 울릉도이며, 우산은 옛 국도(國都)의 이
름이라고 답하여 명확한 인식을 보여 주지만 고종은

---

[1] 이규원(李奎遠, 1833~1901): 1851년 무과에 합격하여 선전관
　으로 관직을 시작했다. 현감과 부사 등의 관직을 거쳤고 1881
　년 울릉도검찰사에 임명된 뒤 1882년 울릉도를 검찰했다. 1884
　년에는 해방총관과 동남개척사에 임명되었다. 그는 1882년 4월
　30일 울릉도 소황토구미에 도착한 뒤 6박 7일의 육로검찰과 1
　박 2일의 해로검찰을 하였다. 서울에서부터 울릉도에 갔다가
　서울로 돌아온 여정을 《울릉도검찰일기》로 남겼고 고종에게 복
　명하기 위한 보고서의 초본 《계초본》을 남겼다. 이규원은 울릉
　도 전체를 내외로 구분하여 〈울릉도 내도(鬱陵島內圖)〉와 〈울
　릉도 외도(鬱陵島外圖)〉를 그려 제출했다. 그는 울릉도의 지형
　과 지세, 동식물과 산물 등을 기록했으나 우산도가 울릉도라는
　인식을 지니고 있었으므로 독도를 확인하지 못했다.

혼란을 겪고 있었다는 것이다. 논자는 역대 수토관이 '소위우산도(所謂于山島)' 또는 '우산도'라고 했던 그 섬에 이규원이 竹島(댓섬)이라는 이름을 붙였는데 이는 주민에게 들은 바를 기록한 것이고, 그가 기록한 울릉도 북동에 있는 또 하나의 섬 島項(섬목)도 주민에게 들은 바를 기록한 것이며, 그 밖에 부속한 섬은 없다는 것이다. 논자는 이규원의 조사를 일러 원래의 1도설이 회복되는 가운데 실재한 竹島(댓섬)이 전면으로 부각하는 진보적 사건이라고 평했다.

이에 대하여 우선 사실관계부터 명확히 할 필요가 있다. 조선 정부가 울릉도 개척을 검토한 시기는 1881년부터고 이규원을 울릉도 검찰사로 임명한 해이기도 하다. 이규원이 울릉도로 떠난 시기는 1882년 4월이고, 주민들이 정식으로 이주한 시기는 1883년부터다. 고종은 이규원을 두 번 만났다. 울릉도로 떠나는 하직 인사를 받는 자리와 조사 결과를 보고받는 자리에서다. 그런데 고종과 이규원의 대화는 논자의 주장과는 차이가 있다. 이규원이 하직인사를 하는 자리에서 고종이 이규원과 나눈 대화는 다음과 같다.[2]

---

2 원문은 다음과 같다.
"敎曰 鬱陵島 近有他國人物之無常往來 任自占便之弊云矣 且松竹島

고종이 하교하기를,

"울릉도에는 근래에 다른 나라 사람들이 아무 때나 왕래하면서 제멋대로 편리한 대로 하는 폐단이 있다고 한다. 그리고 송죽도(松竹島)와 우산도(芋山島)는 울릉도 곁에 있는데 서로 떨어져 있는 거리가 얼마나 되는지, 또 무슨 물건이 나는지 자세히 알 수 없다. 이번에 그대가 가게 된 것은 특별히 가려 임명한 것이니 각별히 검찰하라. 그리고 앞으로 읍(邑)을 설치할 계획이니 반드시 지도와 별단(別單)에 자세히 적어 보고하라."

하니, 이규원이 아뢰기를,

"우산도(芋山島)는 바로 울릉도인데, 우산(芋山)은 바로 옛날의 국도(國都) 이름입니다. 송죽도는 하나의 작은 섬인데 울릉도와의 거리는 30리(里)쯤 됩니다. 여기서 나는 물건은 단향(檀香)과 간죽(簡竹)이라고 합니다."하였다.

하교하기를,

"혹자는 우산도라고 하고 혹자는 송죽도라고 하는데

芋山島 在於鬱陵島之傍 而其相距遠近何如 亦有何物與否未能詳知 今番爾行 特爲擇差者 各別檢察 且將設邑爲計 必以圖形與別單 詳細錄達也 奎遠曰 芋山島卽鬱陵島 而芋山古之國都名也 松竹島卽一小島 而與鬱陵島 相距爲三數十里 其所産卽檀香與簡竹云矣 教曰 或稱芋山島 或稱松竹島 皆輿地勝覽所載也 而又稱松島竹島 與芋山島爲三島統稱鬱陵島矣 其形便一體檢察 鬱陵島本以三陟營將越松萬戶 輪回搜檢者 而擧皆未免疎忽 只以外面探來 故致有此弊 爾則必詳細察得也 奎遠曰 謹當深入檢察矣 或稱松島竹島 在於鬱陵島之東 而此非松竹島以外 別有松島竹島也 教曰 或有所得聞於曾往搜檢人之說耶 奎遠曰 曾往搜檢之人 未得逢著 而轉聞其梗槪矣"《고종실록》고종 19년 4월 7일)

다 《동국여지승람》에 실려 있다. 또한 송도·죽도라고도 하는데 우산도와 함께 이 세 섬을 통칭 울릉도라고 한다. 그 형세에 대해서도 함께 겁찰하라. 울릉도는 본래 삼척 영장과 월송 만호가 돌아가면서 수겁(搜檢)하던 곳인데 대부분 소홀히 함을 면하지 못하였다. 그저 외부만 살펴 보고 돌아왔기 때문에 이런 폐단이 있다. 그대는 반드시 상세히 살펴보라."하니,

이규원이 아뢰기를,

"삼가 깊이 들어가서 겁찰하겠습니다. 어떤 사람들은 송 도·죽도가 울릉도 동쪽에 있다고 하지만, 이것은 송죽도 말고 따로 송도·죽도가 있는 것은 아닙니다."고 하였다.

고종은 松島, 竹島, 松竹島, 우산도 등을 언급했는데, 松島와 竹島는 일본에서 말하는 松島(마쓰시마)와 竹島 (다케시마)를 가리킨다. 松竹島는 松島(마쓰시마)와 竹 島(다케시마)를 합성한 것이므로 잘못 전해진 지명이 다. 일본은 17세기부터 19세기 초반까지 울릉도를 竹 島(다케시마)로 부르다가 19세기 중엽에는 松島(마쓰 시마)로 칭하는 등 竹島(다케시마)와 松島(마쓰시마) 를 둘 다 칭하는 혼란을 겪었다. 고종이 松島, 竹島 말고 松竹島를 함께 칭한 것은 이런 정황이 조선에까 지 전해져 있었음을 시사한다. 반면 이규원은 松島와 竹島가 별개의 섬인 줄 모른 채 '松竹島'로만 이해하

고 있어 오히려 고종의 인식에 못 미치고 있다. 이규원은《동국여지승람》에 대해서도 언급한 바가 없다.

고종과 이규원 둘 다 竹島를 언급했으며, 고종은 松島도 언급했으므로 이때의 죽도는 울릉도 동쪽의 竹島(댓섬)이 아니라 일본에서 말하는 竹島(다케시마)를 가리킨다. 이규원은 송도·죽도가 울릉도 동쪽에 위치한다고 하는 혹자의 말을 인용했으므로 그가 말한 竹島가 竹島(댓섬)인지는 분명하지 않다. 하지만 그가 조사 이전에는 松島와 竹島를 부인하고 松竹島만 인정했다가 조사 뒤에야 일본인이 세운 표목의 松島를 언급했으므로 이때의 松島는 마쓰시마를 일컫는다. 이런 맥락에서 본다면 이규원이 송도를 언급할 때 함께 언급한 竹島는 竹島(다케시마)를 뜻한 것으로 보아야 할 것이다.

논자는 고종과 이규원의 대화를 들어 실재한 竹島(댓섬)이 부각한 사건이라고 했다. 하지만 竹島(댓섬)은 이규원에 와서 실재가 부각된 것이 아니다. 1711년에 박석창이 〈울릉도 도형〉에서 울릉도 동쪽 섬에 '소위우산도(所謂于山島)'라고 기재하고 '해장죽전(海長竹田)'을 부기했으므로 竹島(댓섬)의 실재는 이때 이미 확인되었다고 볼 수 있다. 1794년 한창국[3]도 竹島(댓섬)이라고 기록했다. 그 다음 '竹島(댓섬)'이라는 지명을 우리가 문헌에서 다시 확인할 수 있는 것은 1882년 이규원에 와서다. 이규원은 竹島(댓섬) 말고도 島項(섬목)도 기재했다. 竹島(댓섬) 위쪽에 두 개의 섬을 그려 넣고 그 안에 한자로 '島項'이라고 명기한 것이다.

1883년에 울릉도를 조사한 일본 내무성 소서기관(少書記官) 히가키 나오에[4]는 출장복명서에서 울릉도의 지형을 그림으로 설명했는데, 울릉도 왼쪽에 도항(島項)을 기재하고 도항의 오른쪽에 관음기(觀音崎)를 기재했으며, 보고서 본문에서는 관음기 대신에 관음도(觀音島)로 기재했다. 그런데 엄밀히 말하면 島項(섬

---

3 한창국(韓昌國, 생몰년 미상): 1794년 월송포 만호로서 수토관이 되어 80여 명의 수행원을 이끌고 4월 22일에 울릉도에 도착하여 30일까지 조사하고 5월 8일 본진으로 돌아왔다. 울릉도 토산물과 도형을 제출했다고 하는데 도형은 전해지지 않는다. 그는 울릉도 근처의 섬으로 방패도(防牌島), 죽도(竹島), 옹도(瓮島)를 언급했고, 울릉도 안 지명에 대해서도 기록했다(《정조실록》《일성록》 정조 18년 6월 3일).

4 히가키 나오에(檜垣直枝)는 1883년 울릉도의 일본인을 데리고 귀국하라는 명을 받고 22명의 수행원을 데리고 9월 중순 울릉도로 향했다. 9월 27일 시나가와를 떠나 10월 7일 울릉도 아륙사(阿陸沙, 지금의 사동)에 도착했다. 태풍으로 원산으로 피항했다가 10월 14일에 다시 울릉도로 와서 254명의 일본인을 기선에 태워 일본으로 귀국했다(《조선국 울릉도에 불법으로 도항한 일본인을 데리고 온 일에 대한 처분 건》, 독도사료연구회, 《독도관계 일본 고문서 4》, 2018).

목)은 섬으로 보기 어렵다. 히가키도 도형에서 '竹島' (댓섬)을 기재했으므로 울릉도의 부속섬을 島項(섬목) 과 觀音崎(관음기) 또는 觀音島(관음도), 竹島(댓섬)으 로 인지하고 있었음을 알 수 있다. 이렇듯 竹島(댓섬) 이라는 명칭이 1880년대 초반에 확립되었다. 이에 일 본 해군성은 竹島(댓섬)의 한자가 竹島(다케시마)와 같다는 사실을 알게 되자 1883년부터 竹島(댓섬)을 한자가 다른 '竹嶼'[5]로 바꾸어 표기했다. 그러므로 이 규원이 〈울릉도외도〉에서 竹島(댓섬)과 島項(섬목)을 명기한 사실이 곧바로 '우산도'의 존재를 부정하고 대체 지명으로서 竹島(댓섬)을 의미하는 것이 아니다. 그는 다만 우산도의 존재를 몰랐을 뿐이다. 그러니 그가 竹島(댓섬)을 명기한 사실을 우산도의 소멸로 연결 지어서는 안 된다. 이규원에게 우산도 인식이 부재했던 것은 매우 이례적인 경우이고, 그의 인식은 개인적 인식에 지나지 않는다.

---

5 해군수로국, 《수로잡지》 41호(1883.7 간행). 본문에서는 "竹嶼 〔조선인은 이를 竹島라고 한다〕"로 기술했고, 지도에서는 섬 안 에 '竹嶼'로 표기하고 섬 밖에 'Boussole Rx'를 병기했다.

2. 〈대한전도〉와 《대한지지》

☞ **〈대한전도〉의 우산(도)은 독도다**

논자는 1899년 12월 15일 학부(지금의 교육부) 편집국이 간행한 〈대한전도〉의 울릉도 동북에 그려져 있는 '于山'을 竹島(댓섬)이라고 주장한다. 그렇게 주장하는 논거는, 역대 수토관이 '소위우산도(所謂于山島)' 혹은 '우산도(于山島)'로 명기한 것은 竹島(댓섬)을 가리키는데 학부 편집국은 이규원의 〈울릉도외도〉를 몰라 수토관의 울릉도 지도를 〈대한전도〉에 삽입한 것이므로 여기 명기된 于山(우산)은 竹島(댓섬)이라는 것이다. 또한 학부 편집국의 현채[6]는 같은 해 12월 25일 《대한지지(大韓地誌)》라는 지리서를 편찬했는데, 대한제국의 동단을 동경 130도 35분으로 보고 있으므로 이 경위도에 독도가 포함되지 않는다고 주

---

6 현채(玄采, 1856~1925): 역과에 급제한 뒤 부산항감리서 역학, 외국어학교 부교관, 평강군수 등을 거쳐 1899년 학부 편집국 위원이 되었다. 그는 기존의 지리지가 초학자에게 불편하고 소략하다고 여겨 여러 내용을 추가하여 1899년 《대한지지》를 편찬했다. 국한문 혼용체인 《대한지지》는 우리나라 최초의 지리 교과서로 알려져 있다. 1910년 최남선 등과 조선광문회에 참여하여 한국 고전 간행 사업에 종사했다.

장했다. 《대한지지》에 대한제국의 동단을 동경 130도 35분으로 적은 것은 논자도 언급했듯이 일본인 저술을 그대로 수용했기 때문이다. 그럼에도 《대한지지》는 '우산도(芋山島)'를 울진에 있는 섬으로 보아 울릉도와 우산도를 모두 울진현에 소속시켰다.

논자는 일본인 고마쓰 스스무(小松 運)의 저술 《조선팔도지(朝鮮八道誌)》(1887)를 수용하였다. 하지만 일본인의 저술은 그 밖에도 《신찬조선지리지(新撰朝鮮地理誌)》(1894), 《조선수로지(朝鮮水路誌)》(1894) 《조선개화사(朝鮮開化史)》(1901), 《최신한국실업지침(最新韓國實業指針)》(1904) 등 매우 많다. 대한제국의 동단을 130도 54분 혹은 130도 58분으로 적은 문헌도 있다. 《조선통어사정(朝鮮通漁事情)》(1893)은 조선의 경위도를 북위 34도에서 43도, 동경 124도에서 132도로, 《한국통람(韓國通覽)》(1910)은 북위 33도 12분-43도 2분, 동경 124도 13분-131도 54분으로 적었다. 이렇듯 당시 간행된 지리서는 경위도 기술이 제각각이다. 그러므로 경위도만으로 영유의식을 판단하는 기준을 삼아서는 안 된다.

더구나 《최신조선지지(最新朝鮮地誌)》(1912)[7]는 극동

7 《최신조선지지》는 일본인이 경성에 세운 출판사 일한서방(日韓

을 동경 130도 54분이라고 적었음에도, '도서' 부분에서 "이 (울릉도) 부근에 일본해전으로 이름이 알려진 로크 리앙코루도가 있다."고 기술했다. 여기서 말한 로크 리앙코루도[8]는 독도를 가리킨다. 1905년 이후의 저술인데도 독도를 조선 울릉도의 부속도서로 보고 있는 것이다. 게다가 명칭도 '다케시마'가 아닌 외래 명칭으로 칭했다. 그렇다면 논자는 《최신조선지지》의 기술에서 독도를 한국 영토로 간주한 사실을 인정할 것인가?

논자는 〈대한전도〉의 울릉도 동북쪽에 그려진 작은 섬 우산(도)을 일러 竹島(댓섬)이라고 주장한다. 〈대한전도〉의 우리나라 모습은 동해안과 남해안 그리고 중부 이남의 서해안 등에서 서양이나 일본의 근대식 측량 성과가 담겨 있다. 하지만 중부 이북의 서해안이나 압록강과 두만강의 국경선 등에는 근대식 측

書房)에서 펴낸 지리지다. 일본이 조선을 병합하자마자 준비하여 1912년에 낸 단독 지리지이다. 조선의 유명한 섬 이름의 하나로 울릉도를 거론하고 이를 설명하는 가운데 '로크 리앙코루도' 곧 독도를 언급했다.

8 일본은 프랑스선박 리앙쿠르 호에서 유래한 'Liancourt rocks'를 여러 가지로 불렀다. 리앙코루도 열암, 로크 리앙코루도, 리앙쿠르 도(島), 리앙코 도(島), 양코 도(島) 랑코 도, 양코, 양고 등은 모두 'Liancourt rocks'를 일컫는 일본식 호칭이다.

량 성과가 담겨 있지 않다. 특히 울릉도의 위치, 울릉도 본섬과 부속섬의 모습은 근대식 측량 성과가 전혀 담겨 있지 않으며, 전통식으로 제작한 조선시대의 지도 내용을 따라 편집한 것이다. 논자는 지도 제작에 대한 전문적 지식이 부족하여 울릉도 동쪽 가까이에 섬을 그리고 그것의 이름으로 '소위우산도(所謂于山島)'라고 표기했든 '우산도(于山島)' 또는 '우산(于山)'이라고 표기했든 모두 竹島(댓섬)을 그린 것으로 보고 있다. 하지만 이미 앞에서 자세히 설명했듯이 조선 후기의 지도 가운데 竹島(댓섬)에 '所謂于山島'라고 표기한 지도는 있지만 '于山島'라고 표기한 지도는 없다. 울릉도 동쪽에 于山島 또는 于山이라 표기된 섬은 모두 독도를 그린 것이다. 〈대한전도〉의 울릉도와 부속섬의 모습은 신경준의 지도 계통에서 온 것이다. 그러므로 여기에서 于山(우산)은 竹島(댓섬)이 아니라 독도를 가리킨다.

우산도를 울릉도의 속도로 보는 인식은 1899년 황성신문(9.23) 기사에도 보인다. 황성신문은 "울진의 동쪽 바다에 섬 하나가 있으니, 울릉이라고 한다. 울릉도에 부속한 작은 섬 6개 가운데 가장 두드러지는 섬은 于山島와 竹島이니, 대한지지(大韓地誌)에 '울릉도는 옛 우산국이다'고 하였다"고 보도했다. 이어 대한제국의 내각 보좌관으로 근무했던 쓰네야 세이후쿠(恒屋盛服)는 《조선개화사》(1901)에서 "울릉도 ⋯ 옛 우산국이다 ⋯ 대소 6개 섬이 있다. 그 가운데 가장 두드러진 섬은 于山島(일본인은 松島(마쓰시마)라고 부른다―원주)와 竹島라고 한다."고 기술했다. 쓰네야가 황성신문의 우산도 인식을 계승했음을 알 수 있다. 쓰네야가 우산도를 일러 일본인이 마쓰시마라고 부른다는 사실을 병기했으므로 논자가 이때의 우산도가 독도임을 부정하기는 어려울 것이다.

논자는 최남선이 《조선상식문답》(1947)에서 조선의 극동을 동경 130도 56분 23초 '경상북도 울릉도 竹島(댓섬)'이라고 기술했으므로 이 경위도에는 독도가 포함되지 않는다고 주장한다. 그러나 최남선의 독도 인식을 이것만으로 판단할 수 없다. 최남선은 1948년 8월 우국노인회가 맥아더에게 청원서를 보낼 때 그 초고를 작성한 자이다. 그는 청원서에서 'Docksum'(독섬)의 반환을 요청했다. 또한 그는 1951년에 샌프란시스코강화조약 초안 작성과정에서 波浪嶼(파랑서, 파랑도)와 독섬을 조약문에 반영할 것을 조언했다. 1953년에는 서울신문에 〈鬱陵島와 獨島〉라는 글을 연재했고, 1950년대 한국과 일본이 독도 영유권 논쟁을 벌일 때는 역사학적 논거를 제시했다.[9] 그는 울릉도 인근의

'孔巖'(구멍바우)와 '獵頂島'(엽정도), '竹嶼'(댓섬) 등도 거론했다.[10] 觀音島(관음도)와 獵頂島(엽정도)를 병기했는데 獵頂島는 '鼠項島'(서항도)를 잘못 적은 것이다. 이런 오인은 《한국수산지》에 '鼠項島'(서항도)로, 그 부속지도인 울릉도 전도에는 '鼠頂島'(서정도)로 되어 있는 것을 답습한 데서 빚어진 것이다. 《한국수산지》의 鼠項(서항)은 '섬목'을 표기하기 위해 한자의 음 鼠(서)와 한자의 뜻 項(목)을 빌려 표기한 것이다. 최남선이 獵頂島(엽정도)로 쓴 것은 獵이 鼠와, 頂이 項과 비슷해서 잘못 옮겨 쓴 것으로 보인다. 1933년 《조선연안수로지》는 '觀音島(鼠頂島)', 곧 두 지명을 병기했다. 그렇지만 최남선과 수로지 모두 觀音島(관음도)와 섬목을 동일 범주로서 다루고 있다는 점이 특기할 만하다. 앞서 이규원이 島項(섬목)의 범주에 관음도를 포함시킨 것도 같은 인식에서 비롯된 것임을 알 수 있다. 이렇듯 최남선이 竹島(댓섬)을 '竹嶼'(죽서)로, 섬목을 '獵頂'(엽정)으로 기록한 것은 앞서 일본인이 잘못 기록한 것을 답습했기 때문이다. 그러므로 최남선

---

9 정병준, 《독도, 1947》, 돌베개, 2010, 35쪽.

10 최남선, 〈울릉도와 독도〉, 서울신문, 1953(육당전집편찬위원회, 《육당 최남선 전집 2》, 1973, 현암사, 697쪽 수록).

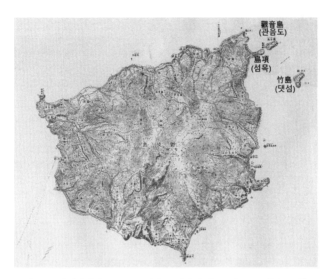

자료 6 일제강점기 1:50000 지형도 가운데 울릉도(종로도서관 소장)

이 섬목과 댓섬의 한자를 다르게 기록했다 하더라도 우리는 그의 독도 인식을 다른 문헌과 행적을 종합해서 판단해야만 한다.

독섬에 대한 이해도 마찬가지다. 그는 '獨島＝독섬의 개관'이라고 하고 "鬱陵島의 一屬嶼" "韓國 屬土 독섬"[11]이라고 했다. 즉 그는 獨島가 독섬에서 왔다고 인식하되 울릉도의 속도로 인식했다. 그는 일본이 1945년에 간행한 《간이 수로지(簡易水路誌)》에서 '鬱陵島 及

___
11 최남선, 1973, 앞의 글, 702쪽 수록.

竹島'라는 제목으로 울릉도와 독섬을 일괄해서 기술한 것이 독섬을 울릉도 부속 도서로 본 증거라고도 했다.[12] 따라서 《조선상식문답》이라는 저술 하나만으로 그의 영유권 인식을 재단하는 것은 매우 단편적인 판단이다.

3. 석도

☞ **"주민들로부터 자세한 사정을 청취도 하지 않은 채"** 石島**라는 이름을 붙였다는 것이 더 어색하다**

논자는 石島가 독도임을 부정하는 데 지면의 많은 부분을 할애하고 있다. 이에 대해서는 '석도=독도설은 억지'라는 장에서 따로 논할 것이므로 여기서는 이 절에 언급된 내용에 한하여 반론하고자 한다. 논자는 1900년 대한제국 칙령 제41호(이하 '칙령 제41호'로 약칭)에서 언급한 '石島'가 1916년에 제작된 울릉도 지도에 기재된 觀音島(관음도)라고 주장한다. 칙

---

12 최남선, 1973, 앞의 글, 703쪽 수록.

령 제41호에서 언급한 섬의 수가 같은 데다, 石島라는 명칭은 1910년대 이후 어느 기록에도 나타나지 않는 대신 觀音島(관음도)는 울릉도 현지에서 자생한 명칭으로 1916년에 채집되어 명기된 것이기 때문에 칙령 제41호의 石島가 관음도를 가리킨다는 것이다.

또한 논자는 역대 문헌과 지도에 우산도로 되어 있던 섬이 왜 갑자기 1900년에 石島라는 엉뚱한 이름으로 불리게 되었는지 독도 고유영토설 신봉자들이 답변할 것도 주문했다. 논자는, 이규원은 우산도의 실재를 부정했고, 현채는 우산도를 竹島(댓섬)으로 본 역대 수토관의 입장을 계승한 것이라고 거듭 주장한다. 칙령 제41호 제정 이전 울릉도를 조사한 관리는 울릉도의 속도 두 개 가운데 하나에는 이규원의 선례를 따라 '竹島'라는 이름을 붙였고, 나머지 하나 아주 조그만 섬에 대해서는 주민에게 듣지 않은 채 '石島'라는 진부한 이름을 붙였다는 것이다.

1882년 이규원은 우산도의 실재를 부정한 것이 아니라 우산도를 비롯하여 松島와 竹島, 松竹島 등 울릉도 및 그 주변 도서에 대한 부정확한 인식을 지니고 있었다는 사실, 그리고 1899년 현채가 〈대한전도〉에 그린 우산(도)이 竹島(댓섬)이 아니라 독도라는 사실은 이미 앞에서 언급했으니 더 이상 논하지 않겠다.

논자가 말하는 관리는 1900년 6월 울릉도를 조사한 내부(內部, 지금의 행정안전부) 시찰관 우용정(禹用鼎)을 가리킨다.

우용정의 조사는 칙령 제41호의 제정과 밀접하게 관련되는데, 그가 울릉도를 조사하게 된 데는 역사적 배경이 있다. 울릉도는 1882년의 개척령에 따라 1883년부터 이주민이 입도하기 시작했는데 그에 못지않게 일본인의 왕래와 입도도 증가했다. 일본인은 개척 이전부터 울릉도의 목재와 전복 등의 자원을 침탈하고 있었으므로 개척 이후에는 이 섬의 행정을 책임지고 있는 수장들은 이런 사실을 속속 정부에 보고하였다.

도감(島監)이 두어진 뒤로는 초대 도감 배계주가 이런 사실을 상부에 적극적으로 보고했다. 그러나 도감의 권한이 미약해서 일본인의 침탈을 저지할 수 없을 뿐만 아니라 일본인들과의 갈등도 심해지자, 대한제국 정부는 1900년 6월 초 양국 공동조사단을 파견하여 상황을 조사하게 했다. 이때 파견된 자가 우용정과 동래감리서 주사 김면수 등이고, 일본 측에서는 부산영사관 부영사 아카쓰카 쇼스케(赤塚正助) 및 경부 등이 파견되어 조사단의 규모는 모두 10명이었다. 부산세관의 세무사 라포르트(E. Laporte)도 참관인 자격으로 참여했다.

우용정과 일본인 조사단은 함께 6월 1일부터 3일까지 양국인을 심문 조사했는데, 1일에는 일본인 3명을, 2일에는 도감 배계주를, 3일에는 이들을 대질하는 방식으로 함께 조사했다. 4일에는 배를 타고 섬 전체를 돌아보았고 육지에서는 마을과 도감 관사도 둘러보았다. 5일에는 일본인과 회동하지 않은 채 따로 주민들의 고충을 접수했고 공무를 마친 뒤에는 틈틈이 노인들을 불러 섬의 상황에 대해 들었다. 특히 그는 일본 상선이 오는 것을 목격했고 벌목공 등 70여 명이 배에서 내리는 장면을 직접 목격했다. 당시 울릉도에 한국인은 400가구, 1700여 명이 살고 있었고 일본인은 144명이 거주하고 있었다. 그는 일본인의 침탈 상황을 목격한 뒤 내부대신에게 울릉도의 행정적 편제를 건의했고, 그 결과로 성립한 것이 칙령 제41호이다.

칙령 제41호의 표제는 〈울릉도를 울도로 개칭하고 도감을 군수로 개정한 건(鬱陵島를 鬱島로 改稱ᄒᆞ고 島監을 郡守로 改正ᄒᆞᆫ 件)〉이다. 그 내용은 다음과 같다.

제1조 울릉도를 울도로 개칭하여 강원도에 부속하고 도감을 군수로 개정하여 관제 중에 편입하고 군등(郡等)은 오등(五等)으로 할 것

제2조 군청 위치는 태하동(台霞洞)으로 정하고, 구역은 鬱
  陵全島와 竹島, 石島를 관할할 것
제3조 개국 504년(1895) 8월 16일 관보 중 관청 사항란
  안에 '울릉도' 이하 19자를 삭제하고 개국 505년(1896)
  칙령 제36호 제5조 강원도 이십 육군의 '육(六)'자는
  '칠(七)'자로 개정하고 안협군(安峽郡) 아래 '울도군' 세
  글자를 넣을 것
제4조 경비는 5등군으로 마련하되 지금은 관리가 미비하고
  모든 일이 초창기이니 울릉도에서 수세(收稅)한 것 중
  에서 우선 마련할 것
제5조 미진한 여러 조목은 본도가 개척되는 대로 차례로
  마련할 것

부칙
제6조 본 칙령은 반포일로부터 시행할 것

  칙령 제41호의 골자는 울릉도를 울도군으로 승격
시키고 도감을 군수로 개정한다는 것이다. 그리고 울
도군 구역이 "鬱陵全島와 竹島, 石島를 관할"할 것을 명
기한 것이다. 여기서 말한 石島가 바로 독도를 가리
킨다. 이에 칙령 제41호는 대한제국이 법령으로 독도
를 울도군 관할 아래 두고 주권 활동을 해 왔음을
보여 주는 사료라는 점에서 중시되어 왔다.[13]
  그런데 칙령에서는 이전 문헌에서 칭하던 于山島가

아니라 石島라는 새로운 명칭을 등장시키고 있어 논란이 되는 것이다. 칙령에서 石島로 명기된 데도 역사적 배경이 있다.

울릉도는 국가의 허가에 따라 이주민이 공식적으로 입도하는 1883년 전부터 사람들의 왕래가 끊이지 않았다. 1882년 이규원이 울릉도에서 만난 140명 가운데 전라도 사람은 흥양 91명, 낙안 21명 등 총 112명이었는데, 이는 전체의 82.1%라는 압도적인 비율이다. 흥양은 현재 고흥군의 전체와 여수시의 초도, 거문도를 관할하는 지역이었고, 낙안은 현재 순천시의 낙안면, 외서면, 별량면의 서쪽 절반, 보성군의 벌교읍, 여수시의 여자도를 포함하는 영역이었다. 이들은 배를 만들기 위해 울릉도에 와서 체류하면서 울릉도 곳곳에 우리말 지명을 만들어 불렀을 것이다. 이규원이 조사하여 〈울릉도외도(鬱陵島外圖)〉에 표기한 38개의 지명 가운데 52.6%인 20개가 그 이후에도 계속 불린 우리말 지명의 한자 표기였다. 〈울릉도외도〉에는 표기되어 있지 않지만 독도 또한 울릉도를 오가면서 보고 이 섬에 우리말 지명을 붙였을 것인데, 독도가 돌섬으로 되어 있으므로 이들의 언어로 '독섬'으로 불

---

13 이한기, 《한국의 영토》, 서울대학교출판부, 1969, 250쪽.

렸을 것이라는 게 현재 학계의 통설이다. 이 명칭은 개척령 이후 입도하게 된 이주민에게도 전해졌을 것이다. 개척령 이전 비공식적으로 울릉도를 내왕했던 흥양과 낙안 등 전라도 남해안의 섬사람들이 문헌과 지도에 표기되어 있던 '우산도(于山島)'를 알고 있었을 가능성은 낮다.

1900년에 울릉도를 조사한 우용정은 주민들에게 기이한 이야기도 많이 들었다고 기록했다. 강치와 독섬에 관한 이야기였을 것이다. 그는 독섬에 대해서도 보고했을 것인데 복명서에 한글로 '독섬'이라고 쓸 수는 없었으므로 한자의 뜻을 따서 石島라고 표기했던 것이다. 논자는 관리가 주민에게 사정도 듣지 않고 石島라고 붙였다고 했지만 이는 무리한 추정일 뿐이다. 만약 우용정이 주민에게 물어보지도 않고 섬 이름을 붙였다면 石島뿐만 아니라 竹島(댓섬)도 다른 한자로 기록했을 것이라고 보아야 합리적인 추정이다. 한 섬은 선례를 따르고 다른 한 섬은 주민들로부터 묻지도 않고 기록했다는 것이 더 어색하지 않은가.

4. '양고' 소동

☞ **'양고' 소동은 말 그대로 소동일 뿐이다**

논자는 1901년 4월 도쿄에서 보도된 각 신문기사와 1901년 4월 1일자 제국일보 기사를 소개하여 당시 대한제국 정부나 민간이 울릉도 동남 30리 바다 가운데 섬에 대해 어떤 정보도 가지고 있지 않았다고 주장한다. 논자에 따르면, 일본 신문은 울릉도 동남 해상 30리[14]에 있는 섬으로 아직 세인에 알려지지 않은, 일본 지도에도 영국 지도에도 올라 있지 않은 섬을 발견했다고 보도했는데 이 섬을 일본과 한국 어민은 양코라고 부른다는 것이다. 이에 견주어 한국 신문(제국신문)은 양고라 하는 섬을 일본에서 얻었는데 이 섬은 천하지도에 올라 있지 않은 섬으로 보도했다는 것이다. 그럼에도 대한제국은 일본 정부에 관련 사실을 조회하는 대응을 전혀 하지 않았다는 것이 논자가 비판하는 지점이다.

두 신문이 보도한 '양코'와 '양고'는 둘 다 독도를 가리킨다. '리앙쿠르 락스'를 일본식으로 줄여 부른 것

---

14 일본의 1리는 조선의 10리를 가리킨다.

이다. 일본 신문은 울릉도에서 맑은 날 산의 높은 곳에서 동남을 바라보면 아련히 섬의 모습을 볼 수 있다고 보도했다. 이런 내용은 《세종실록》〈지리지〉의 기술과 맥락이 같다. 일본 신문은 해도에 올라 있지 않다는 양코가 리앙쿠르 섬인 듯하다고 추정했지만 단정하지 못했다. 양코가 울릉도 동남 30리 해상에 있고, 울릉도에서 보인다고 한 사실, 일본 지도와 영국 지도 어디에도 올라와 있지 않다고 한 사실은 도리어 이 섬이 한국령임을 말해 준다. 그럼에도 일본 신문은 양코가 프랑스 선박이름에서 유래한 리앙쿠르 섬인지를 혼동했다. 한국의 제국신문도 이 섬을 일본이 얻었으며 지도에 오르지 않았다고 보도했다. 논자가 지적한 대로 이는 명백한 오보이다. 이렇듯 부정확한 신문기사에 대해 대한제국 정부가 일일이 일본 정부에 조회해야 할 필요가 어디에 있는가? 이 기사는 대한제국이 독도의 소재를 인지하지 못했음을 증빙하는 증거가 되지 못한다.

일본의 수로지와 해도는 1883년부터 독도를 '리앙코루토 열암(列岩)'이라는 명칭으로 기술하고 있었다. 에도시대에 마쓰시마(松島)로 칭하던 섬을 서양 호칭으로 대체하여 부를 만큼 일본은 고유영토 인식이 희박했던 반면, 대한제국은 '우산도'와 '石島'를 병칭하면서도 혼동하지 않았다. 대한제국은 우산도, 석도로 부르면서도 혼란을 겪은 적이 없었으므로 일본이 양코 혹은 양고라고 부르며 소동을 벌이고 있는 섬이 어떤 섬인지 알아야 할 필요도 없었다. 그러니 대한제국 정부가 이런 소동에 대응할 필요는 더더욱 없었다.

5. 《증보문헌비고》

☞ 《증보문헌비고》의 우산도는 독도다

논자는 1905년에 일본이 독도를 편입[15]했음을 알고 있던 대한제국 위정자들이 《증보문헌비고》(1908)에 '우산도'를 명기한 것은 이 섬을 빼앗긴 섬으로 간주하지 않았음을 보여 주는, 다시 말해 여전히 대한제국의 영토로 간주하고 있었음을 보여 주는 것이라고

---

[15] 일본은 1905년 1월 28일 각의 결정으로 독도를 편입하고, 2월 22일 시마네현 지사 마쓰나가 다케요시(松永武吉) 명의로 고시 제40호를 냈다. 그 내용은 다음과 같다.
"북위 37도 9분 30초, 동경 131도 55분, 오키도(隱岐島)에서 서북 85해리에 있는 도서를 다케시마(竹島)로 칭하고, 이제부터 본 현 소속 도사(島司)의 소관으로 정한다."

주장한다. 위정자들이 그렇게 생각한 이유는 〈대한전도〉(1899)에서처럼 우산도를 죽도로 간주했거나 동해 300리에 울릉도와 함께 놓인 어느 섬이라는 환상을 지녔기 때문이라는 것이다.

논자는 《증보문헌비고》의 원문을 다음과 같이 번역했다(밑줄은 필자).

> 우산도와 울릉도. 울진현 동쪽 350리에 있다. 鬱은 蔚로도 芋로도 羽로도 武로도 쓴다.
> 두 섬을 합하면 芋山이다. (續) 지금의 울도군이다.

원문[16]은 다음과 같다.

> 于山島 鬱陵島 在東三百五十里 鬱一作蔚 一作芋 一作羽 一作武 二島一卽芋山
> (續) 今爲鬱島郡

논자는 우산도가 독도임을 부정하기 위해 '우산도와 울릉도'로 묶어 "두 섬을 합하면 芋山이다"라고 해석한 것인지는 모르겠으나, 이는 잘못된 해석이다. 필자는 다음과 같이 번역했다.

---

16 《증보문헌비고》 권31 〈여지고〉 19 관방 7 해방 10.

우산도(于山島) 울릉도(鬱陵島)〔동쪽 350리에 있다. 울(鬱)은 울(蔚)이라고도 하고, 우(芋)라고도 하며, 우(羽)라고도 하고, 무(武)라고도 한다. 두 섬이니, (그 가운데-필자) 하나가 바로 우산芋山이다. (속) 지금은 울도군(鬱島郡)이 되었다.〕

  원문에는 '우산도'와 '울릉도' 사이에 간격이 있고, 두 섬의 이름은 본문에 속한다. 다만 '우산도'에 대해서는 도서명만을 기입했고, '울릉도' 아래에는 분주로써 구체적으로 기술했다. '울릉도' 아래에 기입한 분주 "〔동쪽 350리에 있다. … 무(武)라고도 한다.)"는 울릉도에 대한 설명이다. 하지만 여기에 다시 "두 섬이니, (그 가운데) 하나가 바로 우산이다"라고 부언함으로써 우산도와 울릉도 두 섬이 모두 울도군 소속임을 밝히고 있다. 즉 두 섬이 별개의 섬임을 분명히 한 것이다. 한편 '우산'을 于山, 芋山으로 표기한 것은 우산도의 '우'가 뜻글자에서 온 것이 아님을 의미한다. 그런데 이를 논자처럼 "두 섬을 합하면 芋山이다."라고 해석하면 그 의미가 통하지 않는다. "(續) 지금의 울도군이다."라고 한 것은 《동국문헌비고》와 《만기요람》을 계승하되 울도군으로 승격된 상황을 '(속)'으로 밝혀 준 것이다.

《증보문헌비고》의 '우산도' 기술은 《동국문헌비고》의 "두 섬이니, (그 가운데) 하나가 바로 우산이다"라는 내용을 계승한 것이다. 그리고 《동국문헌비고》에는 "〔여지지(輿地志)에 이르기를, '울릉(鬱陵)과 우산(于山)은 모두 우산국 땅인데, 우산은 일본인들이 말하는 松島이다.'라고 하였다.〕"는 내용도 기술되어 있다.

논자의 논리대로라면 《증보문헌비고》의 우산도는 竹島(댓섬)을 가리키는데, 그럴 경우 《동국문헌비고》에서 우산도를 일본이 松島, 곧 마쓰시마라고 한다고 기술한 내용과도 맞지 않는다. 《동국문헌비고》를 계승한 《증보문헌비고》가 '우산도'를 다른 의미로 기술했겠는가? 두 권의 국가 편찬 지리지에서 동일하게 '우산도'라는 명칭을 사용했는데 지칭하는 바가 각각 다르다고 생각하는 것이 놀랍다. 우산도를 竹島(댓섬)으로 간주했다면, 竹島(댓섬)이라는 명칭이 확립된 1908년 시점에 굳이 '우산도'로 명기할 이치도 없다.

논자는 독도는 분명히 1905년에 일본에 빼앗겼고 대한제국의 고위 관료들은 그 사실을 알고 있었는데도 우산도를 여전히 대한제국의 영토로 간주하고 있었으니 우산도는 독도일 수가 없다고 했다. 1905년 일본이 자기들 마음대로 독도를 영토로 편입한 사실을 조선의 고위 관료들이 알고 있었다고 하여 그것을 인정했던 것처럼 이해하는 논자의 논리적 비약이 놀랍다. 알고 있는 것과 인정하는 것은 전혀 다른 차원의 문제다. 1906년 심흥택의 보고서, 내부의 지령, 신문 기사 등은 조선에서 독도의 일본 영토 편입을 인정한 적이 없었음을 매우 잘 보여 주고 있고, 따라서 1908년의 《증보문헌비고》에 독도인 우산도를 울도군 소속으로 기술한 것에는 아무런 문제가 없다.

6. 울릉도 주민의 우산도 탐사

☞ 울릉도 주민은 맑은 날 아침 수평선 위로 떠오르는 獨島를 보며 살았다

이 내용은 1913년 6월 22일자 매일신보에 보도된 '우산도' 관련 기사에 관한 것이다. 기사의 내용은 다음과 같다(필자가 띄어쓰기를 하고 현대문으로 윤문함)[17]

---

17 기사 제목은 〈無人嶋 探險中止〉이다. 이영훈이 인용한 기사(책의 217쪽)는 원문과는 약간 다르다.

경남 울도군 서면 김원준은 울도에서 동북방 약 40-50
리 떨어져 위치를 정한 우산도(于山嶋)라는 무인도가 있
다 하여 이를 발견하면 단체로 이주할 계획이다. 찬성자
를 모집하는데 그 비용이 사람마다 일금 4엔(圓)씩을 갹
출하여 약 100엔으로 범선을 세낸 뒤 3명이 한 조가 되
어 탐색하기로 출발 일을 결정하여 찬성자가 30명에 이
르렀다. 우산도는 실재한다는 전설이 있으나 일찍이 십
수년 전 조선인과 일본인이 연합으로 배를 빌려 탐색했
으나 발견하지 못했을 뿐만 아니라 근래에 항해가 빈번
해졌어도 아직 이를 확인한 적이 없다. 또한 해도에도 나
타나 있지 않으니 가령 존재한다 할지라도 이를 발견하
기는 쉬운 일이 아니요, 도리어 무익한 비용을 허비함에
불과하겠다 하여 중지했다고 한다.

기사에서 말한 우산도는 울릉도에 사는 주민이 거
론한 무인도로서의 우산도이므로 독도를 가리키는 듯
하다. 하지만 논자는 이 기사가 "울릉도 주민이 맑은
날 아침 수평선 위로 떠오르는 그 섬을 우산도로 간
주하지 않았음을 더없이 명확하게 이야기해 주"는 기
사라고 평했다. 1910년대라면 주민들이 독도를 주로
'독섬'으로 부르던 시기이다. 그런데도 주민이 '우산
도'를 거론했다면, 이 기사 역시 주민들에게 '우산도'
에 관한 기존 정보가 있었음을 의미한다. 다만 김원
준이라는 인물은 우산도가 고문헌상의 호칭으로 독도

를 가리키는 것이었음을 몰랐던 것이다. 이에 그는 우산도와 독도를 별개의 섬으로 여겨 이주 계획을 세웠던 것으로 보인다. 그러므로 이 기사만으로 울릉도 주민이 독도를 몰랐다는 증거로 삼을 수는 없다. 논자는 지속적으로 우산도가 독도임을 부정해 왔는데, "울릉도 주민이 맑은 날 아침 수평선 위로 떠오르는 그 섬을 우산도로 간주하지 않았음을 더없이 명확하게 이야기해 주고 있다"고 할 때의 '우산도'는 도대체 어디를 말하는가? 자기모순이 아닐 수 없다. 이 기사로 보건대 김원준은 무인도를 우산도로 간주하였고 독도 말고 따로 우산도가 있다고 잘못 생각한 것뿐이었음을 알 수 있다.

7. 태정관 문서에 대하여

☞ 태정관 지령은 일본이 법령으로 獨島가 자국 영토가 아님을 인정한 증거다

1877년 일본 태정관[18]은 "서면과 같이 다케시마와 그 외의 한 섬은 일본과 관계없다"고 결정했음을 밝

했다. 논자는 태정관 문서가 조선왕조에 수교된 외교
문서도 아니며, 일본 정부를 구속하는 최종적 결정도
아닌, 두 섬의 명칭과 위치에 관한 혼란 속에서 내려
진 경과적 결정에 불과한 것이므로 국제사회를 설득
할 수 있는 근거가 되지 못한다고 주장한다. 《반일
종족주의》에서 태정관 지령을 언급하지 않은 데 대한
비판이 잇따르자 이번 개정판에서 제시한 논자의 변
이다.

논자가 말하고 싶은 요지는 태정관 문서는 1877년
당시 일본 정부의 입장을 대변할 뿐 독도가 조선의
영토임을 인정한 외교문서가 아니므로 독도가 조선
영토임은 우리 스스로 입증해야 한다는 것이다. 이는
상대 국가인 일본이 독도가 한국 땅임을 인정한 것은
소용없고 우리 스스로 입증해야만 '독도 고유영토'론
이 성립한다는 논리다. 이런 논리는 놀라울 정도로
일본 연구자의 논리와 닮아 있다. 그러나 일본이 조

---

18 태정관은 1895년 내각제도가 창설되기 전 메이지정부의 국정
을 통할하던 최고기관을 가리킨다. 1868년 시작된 태정관제는
몇 번의 직제 개편이 있었다. 1877년 지령을 낼 당시 태정관은
정원(正院)을 두는 체제였는데 정원은 최고관직인 태정대신 및
좌대신, 우대신, 참의인 각성의 장관(卿)으로 구성되었다. 1877
년 3월 20일자 지령안은 태정 우대신 이와쿠라 도모미에게 상
신되어 결재받은 뒤 지령으로 확정되었다.

자료 7 일본의 태정관 지령

선과 무관하게 국내 정치적 고려만으로 독도가 자국 영토임을 부정한 것인지는 지령이 나오게 된 경위를 보면 알 수 있다.

　이를 고찰하기 전에 먼저 사실관계부터 바로잡을 필요가 있다. 논자가 지령이라고 인용한 것은 지령안(御指令按)의 내용이다. 1877년 3월 20일 태정관 본국은 내무성이 3월 17일자로 문의한 문서와 함께 "서면의, 다케시마 외 일도 건은 본방과 관계없음을 명심할 것"이라는 지령안을 작성하여 태정관 우대신에게 제출했다. 3월 29일 우대신 이와쿠라 도모미(岩倉

具視)는 3월 20일자 지령안을 검토하여 '서면의'를 '문의한'으로 수정했다. 이에 3월 29일 지령은 "문의한 다케시마(竹島) 외 일도 건은 본방과 관계없음을 명심할 것"이라는 내용으로 바뀌었다.

태정관 지령은 일본 정부와 조선 정부 사이에 체결된 조약은 아니다. 하지만, 지령이 나오기까지의 경위를 보면, 조선 정부와의 외교교섭 문서를 반영하여 지령을 낸 것이므로 지령이 순전히 국내문서라고만 보기는 어렵다. 지령이 나오게 된 일차적인 계기는, 1876년 내무성이 일본 전역의 지적(地籍) 편찬사업을 시작하여 시마네현에 다케시마(울릉도)에 관한 정보를 문의하고부터였다. 이에 시마네현은 에도막부 시대의 관련 문서를 내무성에 제출했는데 이때 일본인들의 도해 경위를 적은 문서와 1696년의 도해금지령은 물론이고, 울릉도와 독도가 그려져 있는 지도도 함께 첨부하여 제출했다. 시마네현으로부터 문서와 지도를 제출받은 내무성은 이들에 덧붙여 1696년의 도해금지령 이후 양국이 주고받은 외교문서도 함께 검토한 뒤에 태정관에 문의했다. 그 결과로 나온 것이 1877년의 태정관 지령이다.

시마네현이 내무성에 제출한 문서와 내무성이 검토한 문서는 그 성격이 다르다. 시마네현이 내무성에 제출한 문서는 현이 직접 작성하거나 과거 돗토리번 문서에서 발췌한 것이다. 이에 견주어 내무성이 검토한 문서는 에도막부가 개입된 외교문서이다. 주로 도해금지령과 그 뒤 양국 사이에 오고간 외교문서다. 즉 1697년 쓰시마번 6명의 봉행이 조선의 역관에게 내린 문서, 1698년 3월 예조참의 이선부가 형부대보소 요시자네(宗義眞) 앞으로 보낸 서계, 1699년 1월소 요시자네가 예조참의 이선부에게 보낸 회답서계 등이다. 이들 외교문서는 막부를 대신하여 조선과의 외교 교섭 임무를 수행한 쓰시마번이 조선 정부와 주고받은 것인데, 쓰시마번은 번주(藩主) 명의의 서계(외교문서) 대신 봉행으로 하여금 문서를 내게 하거나 구상서 형식으로 해서 전하는 등 외교문서의 효력을 의식하여 변칙을 사용했다. 그러나 17세기의 외교 문제는 최종적으로는 번주 격인 형부대보와 예조참의 사이에 서계를 왕복하는 것으로 결착되었다. 그 과정에서 쓰시마번은 모든 사안을 막부에 보고하고 재가를 받았다. 19세기 중반에 다시 다케시마(울릉도) 소속에 대하여 의문이 생겼을 때 태정관은 과거 문서를 검토한 뒤 울릉도뿐만 아니라 독도를 포함하여 일본과는 관계없다고 결론을 내린 것이다.

그럼에도 논자는 태정관 지령이 일본 정부를 구속

하는 최종적 결정이 아니라고 했다. 논자가 말하는 구속성 있는 최종적 결정이란 어떤 것을 말하는가? 태정관 지령은 영토 문제를 처리하는 과정에서 일본의 국정을 통할하는 최고기관인 태정관이 내린 결정이다. 그러므로 지령은 일본 국내를 구속할 뿐만 아니라 지령을 내는 데 직접적인 계기가 된, 계쟁지역인 '다케시마 외 일도', 곧 울릉도와 독도에 대한 일본의 영유권을 구속하는 문서이다. 이를 일러 구속성이 없다고 한다면 태정관이 지령을 낸 의의는 어디에 있는가? 다만 한국 학계의 일각에서 태정관 지령에 법률 혹은 국경조약으로서의 지위를 부여하는 경우가 있는데 이는 과도한 해석이다.[19]

논자는 "태정관 문서는 이후 언젠가 조선왕조가 독도를 영유하고 있지 않음을 일본의 관민이 인지할 때 일본 정부의 독도에 관한 입장이 달라질 가능성을 배척하지 않습니다. 실제로 그러한 일이 28년 뒤 1905년에 벌어졌음은 다음 장에서 설명하는 그대로입니다."[20]라고 했다. 한국 땅임을 한국이 입증하지 못하

---

19 최철영·유미림, 〈1877년 태정관 지령의 역사적·국제법적 쟁점 검토: 울릉도쟁계 관련 문서와의 연관성을 중심으로〉,《국제법학회논총》제63권 4호, 대한국제법학회, 2018 참조.

20 이영훈 외, 2019, 앞의 책, 220쪽.

는 한 언제든지 일본 정부의 입장이 달라질 수 있다는 논자의 논리는 후대에 일어날 일–우리와 관계없이 일어난 일–을 예측하여 가탁하는 것이다. 이렇듯 상대 국가를 미리 배려하여 친절하게 논리를 제공하는 상황에 오히려 일본 학자들이 어리둥절할 것이다.

논자는 섬 명칭의 혼동으로 말미암아 독도 위치도 부정확했고 그것이 확정되는 것은 1880년대 중반의 일이라고 한다. 일본이 섬 명칭에서 혼란을 겪고 부정확한 정보를 지니게 된 것은 우리와는 관계없는 일이다. 우리는 '우산도'를 인지한 이래 명칭 변화는 있었을지라도 그 섬이 울릉도와는 별개의 섬이라는 인식에서 혼란을 겪은 적이 거의 없다. 이에 견주어 일본은 섬 명칭에서 혼란을 겪었을 뿐만 아니라 명칭에 대한 인식도 정부 부처에 따라 그 편차가 컸다.

1881년 시마네현이 새로운 섬 '마쓰시마', 곧 울릉도를 개척하고 싶어 하는 현민의 청원을 내무성에 제출했을 때 서기관 니시무라 스테조(西村捨三)는 이 문서를 외무성에도 조회했다. 니시무라가 외무성에 조회한 이유는 "근래에 조선국과 뭔가 담판, 약속을 나눈 적이라도 있는지" 의문이 들어서였다. 니시무라는 이때 1877년 3월 17일 내무성이 태정관 우대신에게 상신했던 질의서를 별지로 첨부했다. 그런데 니시무라는 질의서를 1877년의 〈日本海内竹島外一島地籍編纂方伺〉(일본해에 있는 다케시마 외 일도를 지적에 편찬하는 방법에 대한 문의)를 약간 고쳐서 제출했다. 고쳐진 문서는 '〈日本海内竹島外一島地籍編纂方伺〉(외 일도는 마쓰시마다)'였다. 이는 본래의 1877년 3월 17일자 질의서에 "(외 일도는 마쓰시마다)"가 추가된 것이다. 니시무라가 "(외 일도는 마쓰시마다)"를 추가한 이유는 1877년 태정관 지령에서 칭했던 '일도'가 마쓰시마, 곧 독도임을 외무성에 알려 주기 위해서로 보인다. 1881년 무렵에는 외무성에 제출된 개척 청원서에 기재된 섬 명칭이 청원자에 따라 다케시마 혹은 마쓰시마로 다르게 되어 있어 외무성 관리들이 혼란을 겪고 있었기 때문이다. 1881년 12월 내무성의 조회문을 접수한 외무성은 "조선국 울릉도 즉 다케시마·마쓰시마 건에 대해(朝鮮国蔚陵島即竹島松島之儀ニ付) 문의하신 내용을 하나하나 조사해 보았습니다."라고 답변했다. 외무성이 이렇게 쓴 이유는 청원서에 기재된 '다케시마'와 '마쓰시마'가 모두 울릉도(鬱陵島)에 대한 호칭임을 보여 주기 위해서였다.

시마네현과 내무성이 다케시마가 울릉도이며, 지령의 '일도'가 마쓰시마임을 분명히 인지하고 있었던 것에 견주어, 외무성은 혼란을 겪고 있었고 해군성도 마찬가지였다. 이런 혼란을 불식시키기 위해 앞서 해군성은 1878년 6월과 1880년 9월 두 번에 걸쳐 울릉도를 실지(實地) 조사한 적이 있다. 그 결과 사람들이 칭하는 '마쓰시마'는 울릉도를 가리키는 것으로 판명되었다.[21]

이 때문에 메이지 시대에 일본은 에도시대에 독도를 일컫던 마쓰시마를 점차 울릉도 호칭으로 인식하게 되었고, 1880년대에 조선 정부와 문서를 자주 왕복하면서부터는 차츰 울릉도를 우리 호칭인 '蔚陵島'로 칭하기 시작했다. 반면 일본은 독도를 '리앙쿠르트 열암'이라는 외래 호칭으로 일컫기 시작했다. 이 외래 호칭은 대한제국에도 전해졌다. 1900년대 초기 한국과 일본 양국에서 독도를 '양코 도'로 부르게 된 데는 이런 역사적 배경이 있다. 1904년에 나카이 요자부로 (中井養三郎)가 〈리양코 도 영토편입 및 대하원(貸下願)〉을 제출할 때 독도를 '리양코 도'라고 칭한 것도 그 연장선에 있다. 나카이 요자부로(1864~1934)는 시마

---

21 일본이 울릉도를 다케시마로 부르다가 마쓰시마로 부르게 된 과정은 매우 복잡하다. 자세한 내용은 유미림, 《일본 사료 속의 독도와 울릉도》, 지식산업사, 2015; 유미림, 〈18~19세기 일본의 '마쓰시마' 인식의 추이〉, 《한국정치외교사논총》 40-1, 한국정치외교사학회, 2018 참조.

네현 오키를 거점으로 하여 활동한 수산업자이다. 1890
년에 잠수기어업을 시작하여 일본과 러시아 및 조선
의 연해 등지에서 전복과 해삼을 채취하다가 울릉도
를 왕래하는 과정에서 1903년 즈음 독도강치에 주목
하게 되었다. 1904년부터 독도강치를 포획하는 데 전
념했으나 경쟁자들이 나타나자 섬의 이용을 독점할 생
각으로 〈리양코 도 영토편입 및 대하원〉을 제출했다.[22]
그가 독도 이용을 독점할 생각으로 대여를 청원한 것
이 결국 일본 정부로 하여금 독도를 편입하게 하는 결
정적 계기를 제공했다.

그러나 메이지 시대 일본인들이 두 섬의 명칭에서
혼란을 겪었다거나 인식에 균열을 보인 것은 1877년
태정관 지령의 효력과는 아무 상관이 없다. 일본에서
명칭 혼란을 겪고 있던 시기에 울릉도는 개척되어 점
차 이주민이 증가했고 그에 따라 양국인의 독도 도해
도 증가했다. 독도 도해가 잦아지면 그만큼 인식도
심화될 수밖에 없다. 한국인의 도해가 증가한 만큼

---

[22] 일본이 독도를 편입한 뒤에 나카이는 다른 어업자 3명과 함
께 다케시마어렵합자회사를 만들었고 이 회사의 대표자가 되었
다. 그는 1914년에 장남 나카이 요이치(中井養一)에게 대표자
명의를 넘겼으나 1928년 명의가 야와타 조시로(八幡長四郎)에
게 넘어가기 전까지 실질적인 경영권을 행사했다.

울릉도에 거주하던 일본인의 독도 도해도 증가했으므로 이들이 독도를 무주지 혹은 일본 영토로 인식했을 가능성은 거의 없다. 더구나 울릉도에 거주하던 일본인들은 울릉도와 독도 산물에 대한 세금을 1890년대 후반부터 울릉도의 수장인 도감(島監)에게 납부하고 있었다. 일본인들이 도감에게 납세한 사실은 한국 사료보다 일본 외무성 기록에 더 많이 보인다. 따라서 논자가 제기한, 독도가 "어느 쪽에도 속하지 않은 무인도"라는 가설은 성립할 수 없다.

일본이 한국령 독도를 편입하게 된 일차적인 계기는 나카이 요자부로라는 어업가의 탐욕 때문이지만 그것을 촉발시킨 계기는 러일전쟁의 발발이다. 독도를 편입하기 위해 해군성 관리는 양국에서 독도 사이의 거리가 일본이 더 가깝다며 사실을 왜곡하기에 이르렀고, 외무성 관리는 비상시국임을 내세워 내무성의 우려를 억제했다.

이렇게 상황이 급변한 것은 논자가 말한 "이후 언젠가 조선왕조가 독도를 영유하고 있지 않음을 일본의 관민이 인지할 때 일본 정부의 독도에 관한 입장이 달라"져서가 아니었다. 울릉도와 독도에 대한 한국 정부의 영유의식은 1877년 이전이나 이후나 변함없이 일관하고 있었으므로 일본의 관민이 이를 인지하여 일본 정부의 입장이 달라질 상황이 아니었다. 결국 일본의 독도 편입은 강치잡이를 독점하려는 일개 어업가의 야심을 빌미로 전쟁이라는 비상시국을 활용하여 시급히 그리고 비밀리에 이뤄진 것에 지나지 않는다.

제4장
'석도=독도'설은 억지인가?

1. 칙령 제41호(1900)

☞ **역사적 맥락 속에서 자료를 제시하고 설명해야 한다**

논자는 칙령 제41호의 제정에 앞서 내부가 울릉도의 승격을 청하면서 의정부에 보고한 〈울릉도 사정〉을 인용했다. 논자는 내부가 보고한 내용을 인용하기를 "울릉도는 종이 80리, 횡이 50리이다. 토지가 비옥하고 인구가 번식하여 농지 1만 두락에 연간 수확이 감자 2만포, 보리 2만 포, 밀이 5천 포이다.…"¹라고 했다. 그리하여 "울릉도의 크기와 범위가 이같이 제시되었을진대, 그 속에 동남 해상 87킬로미터의 독도가 포함되지 않음은, 아니 포함될 수가 없음은, 굳이 논변할 필요조차 없는 상식이라고 하겠습니다."라고 했다.

논자가 인용한 내부(內部)의 보고서는 1900년 10월 22일 내부대신 이건하가 의정대신 윤용선에게 제출한

---

¹ 이영훈 외, 2020, 앞의 책, 223~224쪽.

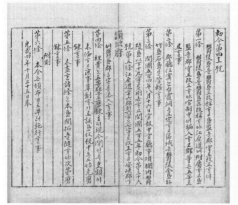

자료 8 대한제국 칙령 제41호(1900, 규장각한국학연구원 소장)

〈울릉도를 울도로 개칭하고 도감을 군수로 개정하는 것에 관한 청의서(鬱陵島를 鬱島로 改稱ᄒᆞ고 島監을 郡守로 改正에 關ᄒᆞᆫ 請議書)〉를 말한다. 그런데 내부는 청의서를 의정부에 제출하기에 앞서 여러 자료를 참고했다. 그것은 1900년 6월 도감 배계주와 내부 시찰관 우용정, 동래세무사 라포르트의 보고서 등이다. 배계주와 우용정, 라포르트는 울릉도의 지형과 개간 현황, 가구, 농작물 상황 등을 각각 자기 상관에게 보고했다. 내부는 이들 보고서를 대조·검토한 뒤에 울릉도를 군으로 개칭하는 절차에 착수했다. 내부는 울릉도가 육지에 뒤지지 않는, 인구 천 명이 넘는 규모인데 도감이라는 직제가 외국인과의 교역에 행정상 방애(妨礙)가 된다고 판단했기 때문이다.

논자는 종(從)과 횡(橫)이 무엇을 뜻하는지 확실하지 않으며 동서남북의 거리로 보기에는 실제 크기와 너무 차이가 난다고 했다. 그런데 청의서를 보면, "이 땅의 사방은 가로가 50리, 세로가 80리이다"라고 명기하고 있다. 즉 울릉도의 동서남북 거리를 분명히 나타내고 있다. 조선시대 문헌은 대체로 울릉도의 거리를 동서 50-70리 사이, 남북 40-80리 사이로 기록하고 있다. 1900년에 우용정은 길이 70리, 폭 40리라고 기록했다. 섬의 둘레에 대해서는 140-150리 사이라고 기록했다. 조선시대 문헌은 둘레를 '사방 백리'라고 하거나 120-200리 사이로 기록했다. 이렇듯 문헌에 따라 동서남북과 종횡 등으로 다르게 기술하고 있고 거리도 다르다. 그럼에도 내부가 기술한 가로 50리, 세로 80리는 위에서 기술한 범주 안에 있다.

내부가 기술한 거리관계는 외무성 홈페이지에도 탑재되어 있다. 외무성은 〈다케시마 문제에 관한 10개의 포인트〉(한국어본, 24쪽)에서 "'해당 섬 지방은 세로 80리(주: 약 32킬로미터)이며 가로 약 50리(주: 약 20킬로미터)'라고 되어 있"다고 했다. 나아가 외무성은 "이러한 점에서 울릉도에서 약 90킬로미터 떨어진 다케시마는 이 범위 밖에 있으며, 석도가 다케시마가 아니라는 것을 명확히 알 수 있"다고 했다. 논자가 내부의 보고서에 언급된 울릉도 크기와 범위에 독도가 포함되지 않는다고 주장하는 것은 바로 이런 외무성의 논리와 맥락을 같이한다. 논자는 청의서에 기술된 거리관계를 일러 "내부의 보고에 나타난 울도군의 범위"라고 했지만, 내부는 울도군의 범위를 보고한 것이 아니다. 울릉도의 범위를 보고한 것이다. 그러므로 외무성이 내부의 보고를 울도군의 범위와 연결지은 것은 오독(誤讀)이다. 논자는 이런 외무성의 논리를 그대로 따르고 있는 것이다.

대한제국이 울도군의 범위를 언급하게 되는 것은 내부대신 이건하의 청의서를 바탕으로 칙령 제41호를 제정하면서부터다. 칙령 제41호에서 "鬱陵全島와 竹島, 石島"라고 명기한 것이 울도군의 (관할)범위를 언급한 것이다. 그리고 여기서 말한 石島는 獨島를 가리킨다. 논자는 이 절에서도 대한지지와 대한전도, 제국신문 기사를 들어 한국인이 독도의 객관적 존재를 알지 못한 증거로 제시했다. 한국 측 주장을 뒷받침하기에 불리하다고 생각하는 사료를 역사적 맥락과 상관없이 제시하고 있는데, 앞으로는 역사적 맥락의 관점에서 자료를 제시하고 분석해 주기를 바랄 뿐이다.

2. 일본의 독도 편입

☞ **자료 하나하나 구체적이고 자세하게 분석하길 바란다**

논자의 주장을 검토하기 전에 먼저 나가이 요사부로가 아니라 나카이 요자부로가 통상적인 호칭임을 지적하고 싶다. 나카이는 시마네현(島根縣) 오키도(隱岐島) 출신이 아니라 돗토리현(鳥取縣) 도하쿠군(東伯郡) 출신이다. 그는 1893년부터 경상도와 전라도 연안에서 해삼과 전복을 채취하는 잠수기 어업에 종사하다가 뒤에 돗토리현과 시마네현 연안에서 채취했다. 1903년부터는 '리앙코루토 열암', 곧 독도에서 강치잡이를 시도했고 1904년에는 잠수기 어업을 그만두고 강치 포획에만 종사했다. 그는 해도를 통해 리앙코루토 열암이 울릉도의 속도(屬島)임을 인지하고 있었다. 그래서 통감부[2]에 가서 청원하려 했던 것이다. 논자는

---

[2] 논자는 "대한제국 정부에 독도 강치잡이의 특허를 신청코자 했습니다."(225쪽)라고 바로잡았다. 1911년 나카이가 오키 도청에 제출한 이력서에 딸린 〈사업경영 개요〉에는 "본도는 울릉도에 부속하여 한국 영토라고 생각되므로, 장차 통감부로 가서 할 일이 있다고 보고, 상경하여 여러 가지를 획책하던 중 당시 수산국장 마키 나오마사 씨의 주의를 듣고 꼭 한국령에 속하는 것은 아닐지도 모른다는 의심이 들었다."고 되어 있다. 1904년은 대한제국 때였으므로 통감부 운운은 나카이의 착오로 보아야 한다.

나카이가 대하원을 제출하기 전에 일본 관료들을 만났던 사실을 간단히 언급할 뿐 그들이 거짓 정보를 나카이에게 제공하는 과정에 대해서는 구체적으로 언급하지 않았다.

논자가 언급한 일본 관료는 농상무성의 어느 관료, 농상무성 수산국장, 해군 수로부장순이다. 그런데 논자는 "이들 일본의 고위관료들은 당시 일본이 '리얀코' 또는 '양코'라고 부르는 그 섬이 과연 대한제국의 영토인지가 확실하지 않다고 조언을 합니다."라고 했다. 이 기술대로라면, 대한제국 영토인지 확실하지 않다고 조언한 자가 누구인지 애매하고, 자칫 모든 관료가 그렇게 말한 것처럼 오인할 수 있다.

나카이로 하여금 독도가 조선의 영토가 아닐지도 모른다는 의심을 처음으로 품게 한 자는 농상무성 수산국장 마키 나오마사(牧朴眞)였다. 그런데 마키 나오마사는 1899년에 부산에 파견되어 수산업을 조사한 바 있고, 1903년 출간된 《한해통어지침》의 발간사를 썼던 인물이다. 이 책의 강원도 편에는 '울릉도'와 '양코도(島)' 편목이 함께 들어가 있는데, 독도를 '양코도'로 칭하되 "울릉도의 동남쪽으로 약 30리 … 맑은 날에는 울릉도 산봉우리의 높은 곳에서 이를 볼 수 있다"고 기술되어 있다. 그러므로 마키 나오마사가 독도가 한국 땅임을 몰랐을 리가 없다.

나카이로 하여금 의심을 품게 한 정도가 아니라 독도가 무소속임을 각인시킨 자는 해군성 수로부장 기모쓰키 가네유키(肝付兼行)였다. 기모쓰키는 1874년 부터 1892년에 걸쳐 수로조사에 참가했고, 1896년의 해도 〈조선전안(朝鮮全岸)〉 작성을 맡았던 인물이기도 하다. 《조선수로지(朝鮮水路誌)》 1894년 판과 1899년 판에는 울릉도와 리앙코루토 열암에 대한 설명이 상세하다. 그럼에도 그는 "이 섬의 소속은 확실한 증거가 없고 특히 한일 양국으로부터의 거리를 측정하면 일본 쪽으로 10해리 정도 가까울 뿐만 아니라 일본인 가운데 이 섬의 경영에 종사하는 이가 있는 이상 일본 영토로 편입하는 것이 당연하다."[3]고 왜곡된 정보를 나카이에게 제공했다. 에도시대 대부분의 문헌은 울릉도에서 독도까지의 거리를 40리, 오키섬에서 독도까지의 거리를 60-80리로 기술하고 있다. 기모쓰키의 말대로 독도까지의 거리가 일본 쪽이 더 가까우려면, 일본 이즈모(出雲)에서의 거리를 기준으로 할 경우라야 한다. 그럴 경우 이즈모에서 독도까지는

---

3 유미림, 《〈독도와 울릉도〉번역 및 해제》, 한국해양수산개발원, 2009, 41쪽.

108해리, 조선의 릿도네루 곶(울진군 죽변면의 죽변항)에서 독도까지는 118해리가 된다. 기모쓰키가 일본 쪽에서 10해리 더 가깝다고 말한 것은 이를 염두에 둔 것으로 보인다. 그러나 일본인이 독도로 오려면 이즈모에서 떠나더라도 오키섬을 경유하지 않고는 불가능하다. 따라서 그가 오키섬을 배제하고 이즈모에서 독도로 온 경우로만 계산하는 것은 현실과 맞지 않는 계산방식이다.

《군함 니타카행동일지(軍艦新高行動日誌)》(1904. 9. 24~25)에 첨부된 〈리양코 약도略圖〉에 적힌 설명문을 보면, 오키 도젠(島前)에서 리양코도까지의 거리는 45리(일본 리), 松島(울릉도를 말함—역자)에서 리양코도까지의 거리는 25리(일본 리), 섬의 둘레는 1리(里)라고 했다. 1904년에 조사한 해군성도 독도까지의 거리를 언급할 때 양국 본토에서의 거리를 기준으로 하지 않고 양국에서 가장 가까운 섬에서의 거리를 기준으로 했다. 그럼에도 기모쓰키는 일본에서 더 가깝다는 억지논리를 만들어 내기 위해 이런 관행을 무시한 것이다.[4]

---

4 현재 시마네현 웹 다케시마문제연구소와 내각관방 등을 비롯한 정부 사이트도 竹島–오키(158킬로미터) 울릉도–독도(88킬

논자는 나카이가 대한제국에 청원할 계획을 접고 1년 뒤 1904년 9월 일본 농상무성에 강치잡이 특허를 출원했다고 했으나, 나카이가 청원을 계획한 시기는 1904년 강치어로가 끝난 뒤이다. 논자는 나카이가 대하원(貸下願, 대여청원서)를 제출한 뒤 내무성이 반대한 내용은 길게 인용한 것과 달리, 외무성과 농상무성은 적극 찬성하였다고만 간단히 적었다. 나카이가 만난 외무성 정무국장 야마자 엔지로(山座円次郎)는 부산과 상해, 인천, 런던 등으로 파견된 적이 있고, 1904년에 발간한 《최신 한국실업지침(最新韓國實業指針)》의 서문을 썼던 인물이다. 이 책의 13장 '수산'편에는 울릉도와 함께 강원도에 소속되어 있는 '양코도'에 대해 자세히 설명하고 있다. 그러므로 야마자역시 양코도, 곧 독도가 한국 땅이라는 사실을 너무잘 알고 있었다. 그런데도 그는 전쟁이라는 비상시국에 내무성의 의견은 무시해도 좋다고 공언하면서 청원서를 외무성에 회부하도록 나카이를 독려했다.

논자는 일본 정부나 민간은 독도를 대한제국 소속

로미터)로 적었고, 아울러 시마네현-竹島(211), 조선 본토-竹島(217) 거리도 함께 적었다. 오키가 아닌 시마네현을 기준으로 한 독도까지의 거리를 적음으로써 일본 쪽에서의 거리가 6킬로미터 더 가깝다는 것을 보여 주려 한 것이다.

으로 간주했었는데 언제부턴가 그것이 사실이 아님을 의심하기 시작했고, 울릉도에 거주하는 400여 명의 일본인부터 그런 의심을 품었을 것이라고 한다. 그래서 나카이가 재차 울릉도에 들러 울도군의 관리와 주민이 독도를 자국 영토로 의식하는지 확인하기는 별로 어렵지 않았을 것이라고 한다. 나아가 이는 대한제국 정부가 독도의 객관적 존재를 인지하지 못했고 상응하는 영유체제를 성립시킨 적도 없으므로 1905년 1월 일본 내각이 편입을 결정할 수 있었다는 논리로 비약했다.

논자는 "일본 정부나 민간은 독도를 대한제국 소속으로 간주했었는데 언제부턴가 그것이 사실이 아님을 의심하기 시작했"다고 했지만, '언제부턴가'는 매우 애매한 표현이다. 1903년까지 독도를 대한제국 소속으로 여기던 일본 관민의 인식이 1년 사이에 급변했다는 것인가? 논자는 울릉도에 거주하는 400여 명의 일본인부터 그런 의심을 품었을 것이라고 하지만, 이역시 근거가 없는 추정이다. 울릉도에 거주하던 일본인들은 1890년대 후반부터 목재와 곡물을 일본으로 가져가는 것에 대해 도감에게 납세하고 있었고, 1904~1905년 무렵에는 독도강치에 대해 이른바 '수출세'를 납부하고 있었다. 그런 자들이 독도가 대한제국 영토

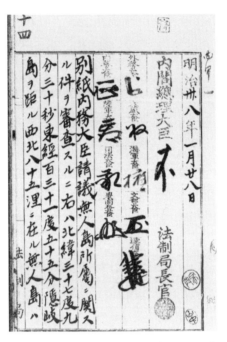

자료 9 일본의 각의결정문의 일부(1905. 1. 28.)

가 아닐지 모른다는 의심을 갑작스레 품었을 리는 없
다. 또한 논자는 나카이가 재차 울릉도에 들러 그런
사실을 쉽게 확인했을 것이라고 했다. 나카이가 1903
년 이전 울릉도를 오가다 독도를 알게 된 것은 사실
이지만 울릉도에 들러 이런 사실을 확인했다고 볼 만
한 자료는 물론 그런 정황도 없다. 나카이가 울릉도
에 와서 머문 시기는 독도 편입 뒤인 1906년 3월 중순 현의 시찰단과 함께였을 때이다.

논자는 1905년 1월 일본 내각이 편입을 결정하게 된 사유를 적은 이른바 '각의결정문'의 일부를 인용했다. 각의결정문(1905.1.28.)이란 의원내각제 국가인 일본에서 국가의 최고행정기관 내각이 각의(閣議)에서 결정한 문서를 말한다. 독도 편입과 관련된 각의결정문은 다음과 같다.

별지 내무대신이 청의한 무인도 소속에 관한 건을 심사하니,

북위 37도 9분 30초 동경 131도 55분 오키 섬과의 거리 서북으로 85해리(浬)에 있는 무인도는 타국이 이 섬을 점유했다고 인정할 만한 형적이 없고, 지난 메이지 36년(1903년) 본방사람 나카이 요자부로가 여기에 어사(漁舍)를 만들고 인부를 데려가 엽구(獵具)를 갖춰 강치잡이에 착수했다. 이번에 영토 편입 및 대하를 출원하였으니 이 참에 소속 및 도명을 확정할 필요가 있어서 이 섬을 다케시마(竹島)라 이름 짓고 지금부터 시마네현 소속 오키도사(島司)의 소관으로 하기로 한다는 내용이었다.

이에 심사한 결과, 1903년 이래 나카이 요자부로라는 자가 이 섬에 이주하여 어업에 종사한 것이 관계 서류로 명백하니 국제법상 점령의 사실이 있다고 인정하고 이를 본방 소속으로 하여 시마네현 소속 오키도사의 소관으로 해도 지장이 없다고 생각한다.

따라서 청의한 대로 각의 결정함이 마땅하다고 인정한다.

위의 내용 가운데 논자가 인용한 부분은 내무대신이 청의한 〈무인도 소속에 관한 건〉, 곧 "북위 37도 9분 30초"를 운운한 내용부터 "오키도사의 소관으로 하기로 한다"까지이다. 내각이 심사한 뒤 "국제법상 점령"을 운운한 내용은 인용하지 않았다. 논자는 내각 결정문을 인용하여 일본이 '무주지 선점'론에 따라 편입을 정당화하는 논리를 그대로 수용하고 있음을 드러내고 있다.

이어 논자는 "한국 정부와 연구자가 이를 반박하려면 1905년 이전에 조선왕조나 조선인이 이 섬을 점령하고 이용한 자취를 제시해야 한다. 내가 열심히 기존의 자료를 뒤지고 연구를 섭렵했지만 그러한 자취를 찾지 못했다."고 했다. 그러나 1905년 이전 한국인이 독도를 점령하고 이용한 자취를 보여 주는 기록은 적지 않다. 같은 시기에 울릉도의 일본인이 독도를 이용한 자취를 보여 주는 기록도 적지 않다.[5]

---

5 라포르트 보고서(1899.6); 우용정, 《후록》(1900.6); 〈한국 울릉도 사정〉(《통상휘찬》 234호, 1902.10.16); 〈울릉도 현황〉(《통상휘찬》 50호, 1905.9.3.). 자세한 내용은 유미림, 《일본 사료 속의 독도와 울릉도》 참조.

논자는 도대체 어떤 자료를 보았다는 것인가? 여기서 자세히 논할 여유는 없지만, 한일 양국인이 독도를 이용했다고 기록한 문헌이 공통적으로 언급한 사실은, 양국 사람들이 모두 울도군에 납세했다는 것이다.

일본학자 호리 가즈오(堀和生)는 울릉도의 일본인들이 현지 조선인에게 약간의 대가를 지불한 바 있음을 1987년에 언급한 바 있다. 그는 울릉도는 개항장이 아니었으므로 수출을 할 수 없었고, 따라서 일본인의 재목 반출은 탈세이고 밀수지만[6] '실효적 경영'이라는 개념을 형식적으로 적용하면 일본이 우위라고 보았다. 호리가 이를 발표할 당시는 울릉도에서 일본인이 '수출세' 명목을 붙여 산물을 수출한 사실이 구체적으로 밝혀지지 않았을 때이며, 대한제국 정부의 과세 규정을 담은 〈울도군 절목(鬱島郡節目)〉[7]이 발굴되기 전이었다.

〈울도군 절목〉은 2010년에 처음 알려진 사료이므로 이를 간략하게라도 소개할 필요가 있다. 〈울도군 절목〉

---

6 호리 가즈오, 〈1905년 일본의 다케시마 영토 편입〉, 1987(현대송 편, 《한국과 일본의 역사인식》, 나남, 2009, 106쪽 수록).
7 〈울도군 절목〉은 초대 군수 배계주의 외증손녀가 소장하다가 2010년에 울릉군에 알리면서 처음 공개되었다.

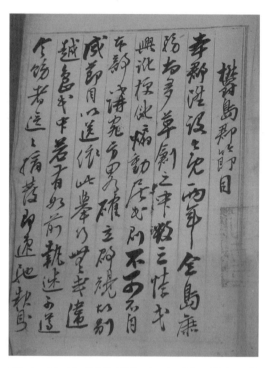

자료 10 〈울도군 절목〉의 일부(초대 군수 배계주 외후손 소장)

은 1902년 4월 내부가 울도군에 내린 시행세칙이다. 1900년에 정부가 칙령 제41호로 울릉도를 울도군으로 개칭하고 도감을 군수로 개정하여 새롭게 편제를 꾀했음에도 기강이 잡히지 않고 일본인의 불법 벌목과 탈세 행위가 잦자, 좀 더 구체적으로 기강을 잡을 수 있도록 절목의 형식으로 10조의 세칙을 내린 것이다. 주요 내용은 일본인의 불법 벌목과 반출을 엄금하고, 외국인에게 가옥이나 전토를 매매하는 자는 사형에 처하며, 개척민에게는 세금을 면제하되, 상선 및 수출입 화물에 대해서는 1%의 세금을 부과하라는 내용을 포함하고 있다. 〈조일통상장정〉에 따르면 수출품에 대해서는 통상 5%의 종가세(從價稅)를 부과해야 하는데, 울릉도는 비개항장이라 도감이 2%의 세금만 부과하고 일본인의 경제활동을 묵인해 주고 있었다. 일본인들이 도감에게 납세한 세금의 명목을 일본 외무성은 '수출세'라고 주장했다. 대한제국 정부는 이런 수세관행을 인정해 주지 않다가 칙령 제41호에서 처음으로 합법화했다. 그러던 것이 1902년 절목에서는 세율까지 정해 주었다. 과거의 2%에서 1%로 떨어지긴 했지만 과세규정을 폐지한 것은 아니었다. 절목에서 출입하는 화물에 과세하라고 한 규정은 일본인들이 독도에서 잡은 강치나 전복을 울릉도에서 가공하여 일본으로 수출한 상품에도 적용된다.

1905년에 부산영사관의 스즈키 에이사쿠(鈴木榮作)는 울릉도 일본인들의 수출입 현황을 본국에 보고하면서 '랑코 도 강치', 곧 독도강치를 울릉도 수출품으로 분류하여 통계를 보고했다. 1906년 시찰단의 일원 오쿠하라 헤키운(奧原碧雲)이 기록한 '일상조합규약(日

商組合規約)'[8]에서도 수출세를 언급하고 있다. 따라서 스즈키가 보고하던 1905년 뒤에도 일본인들이 수출세를 납부하고 있었음은 분명하다. 일본인들은 〈울도군 절목〉에 따라 수출세를 울도군에 납부하고 있었던 것이다.

그런데 같은 시기에 시마네현에서 온 어민들도 독도강치를 잡았다. 하지만 이들이 시마네현에 강치에 대한 세금을 납부하게 되는 것은 관련 법령을 구비한 1906년 3월 이후부터다. 그렇다면 1906년 이전까지는 시마네현 사람들이 독도강치에 대한 세금을 자국에 납세하지 않았다는 사실이 성립한다. 한일 양국인이 동시에 독도강치를 잡았는데 울릉도 거주 일본인은 한국인을 고용해서 어로했지만 울도군에 납세해야 했다. 반면 시마네현 거주 일본인은 시마네현에 납세하지 않았다. 그렇다면 누가 독도를 실질적으로 이용한 것인가? 징세는 '실효 지배'를 나타내는 가장 직접적

---

8 일본인들은 울릉도에서 경제활동을 시작한 초기부터 권익을 보호하기 위한 단체를 만들었는데 상인조합, 일상조합으로 발전했다. 대략 1897년에서 1899년 사이에 만들어졌다. 일상조합은 1901년에 규약을 만들었는데 1907년 말 폐지될 때까지 일본인의 무역 장려와 이익 증진을 위해 기여했다. 1906년 오쿠하라 헤키운은 일상조합 규약의 초록을 옮겨 적었는데, "조합 유지비: 화물 주인에게서 수출세 5/1000를 징수한다."는 규정이 들어 있다.

인 증거이다.

　논자가 언급했듯이 한국은 독도 영유에 관해 고유
영토론을 주장해 왔고 지금도 그러하다. 이에 견주어
일본은 고유영토론과 무주지 선점론 사이에서 자국에
유리한 쪽으로 왔다 갔다 하고 있다. 각의결정에 따
른 편입 운운은 전형적인 무주지 선점의 논리다. 이
논리가 일본이 독도를 고유영토로 인식해 왔다는 논
리와 상충함은 이미 많은 국제법학자들이 지적해 온
바이다.

3. 독도의 대두

☞ 1904년은 獨島 표기가 기록으로 확인된 가장 이른 연도
　일 뿐이다

　논자는 '獨島'라는 한자 표기 명칭이 문헌에서 처음
확인된 예로 1904년 9월 25일 일본 군함 니타카(新
高)의 《행동일지》를 들었다. 논자는 일지에서 "리안
코르드 바위를 실제로 본 일본인으로부터 청취한 정
보"라고 하면서 "한국인은 이를 獨島라고 쓴다"고 했

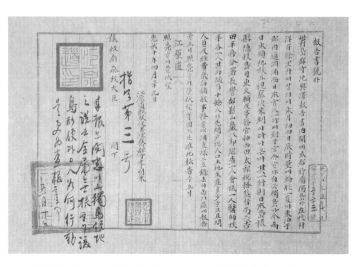

자료 11 강원도관찰사 이명래의 보고서 호외와 참정대신의 지령
(규장각한국학연구원 소장)

다는 사실을 인용했다. 그런데 《군함 니타카행동일지
(軍艦新高行動日誌)》 원문에 따르면, "松島에서 리안코
루도 암(岩) 실견자(實見者)로부터 청취한 정보"라고
하고 "'리앙코루'도岩, 한인은 이를 獨島라고 쓰고, 본
방 어부들은 줄여서 '리양코'島라고 칭한다. …"[9]라고
기술했다. 이는 군함이 마쓰시마(松島), 곧 울릉도에 정

―――――――

9 원문은 "松島に於テ〈リアンコルド〉岩 實見者ヨリ 聽取リタル情
報 〈リアンコル〉ド岩 韓人之ヨ獨島ト書シ 本邦漁夫等略シテ
〈リヤンコ〉島ト呼稱セリ"로 되어 있다(띄어쓰기 필자).

박했을 때 이 섬에 거주하는 일본인에게 들은 정보를 기록한 것이다. 그 밖에 강치잡이와 관련된 선박의 크기와 종사 인원, 체재한 날짜 등이 기록되어 있다. 이 기록은 일본인은 '리앙코루도岩' 혹은 '리양코島'로, 한국인은 '獨島'로 칭하던 정황을 보여 주지만, "한인은 이를 獨島라고 쓰고"라고 했듯이 '불리는' 호칭이 아니라 기록을 위한 표기임을 밝혔다. 이는 현지 주민이 부르던 실제 호칭은 따로 있었음을 시사한다.

논자는 1906년 4월 4일 오키 도사의 방문 이후 심흥택[10] 군수가 '본군 소속 獨島'라고 언급한 사실이 1900년 칙령 제41호의 石島와 무슨 관련성이 있느냐고 의문을 제기했다. 우선 이 부분에서 먼저 사실관계를 바로잡을 필요가 있다. 심흥택을 방문한 자들은 45명의 일행 가운데 시마네현 부장 진자이 요시타로(神西

---

[10] 심흥택(沈興澤, 1855~미상): 1903년 4월 울도군수로서 울릉도에 부임하여 1907년 3월 횡성군수로 떠날 때까지 섬의 행정을 맡았다. 관아를 태하에서 도동으로 옮겼고 1903년 9월 초 러시아조사단이 왔을 때 면담하고, 10월 일본 해군함장 아리마 다카요시와도 면담했다. 그는 1906년 시마네현 시찰단이 와서 독도 편입 사실을 통보했을 때 바로 다음 날로 이를 강원도관찰사 서리 춘천군수 이명래에게 보고했다. 이를 〈심흥택보고서〉라고 한다. 이 보고서에서 처음으로 "本郡所屬獨島"가 언급되었다. 이명래는 심흥택보고서의 내용을 그대로 참정대신 박제순에게 보고했는데, 〈보고서 호외〉는 이를 가리킨다.

由太郎)를 포함한 10여 명과 통역이다. 편입 사실을 심흥택에게 알려준 자는 오키 도사가 아니라 시마네현 부장이다. 일행이 방문한 시기는 양력 3월 28일이다. 음력으로는 3월 4일이 된다. 4월 4일은 아무 근거가 없음에도 논자는 반복적으로 언급하고 있다. 심흥택은 편입 사실을 듣자마자 그 다음 날인 3월 29일 강원도관찰사 서리 춘천군수 이명래에게 보고했다. 이명래는 심흥택의 보고를 그대로 인용하여 참정대신에게 보고했고 거기에 '獨島'가 나온다. 그러므로 1906년 시점에 '獨島'라는 명칭으로 썼음을 알 수 있지만, 언제부터 '獨島'로 표기했는지 이 문서만으로는 알 수 없다. 논자의 말대로 1904−1906년에 獨島라고 쓰기 시작했다고 볼 수도 있겠지만, 1904년 이전부터 썼을 가능성도 있다.

4. 1900년경 '돌섬'으로 불렸다는 주장은 억측

☞ 1900년경 '돌섬'이 아니라 '독섬'으로 불렸다

논자는 1900년 칙령 제41호의 '石島'가 '독섬'이라는 소리 명칭으로 불렸고 이를 한자로 표기한 문자 명칭이 '獨島'라는 통설에 대해 "《반일 종족주의》에서 너무 궁색한 논리의 중첩이어서 참담하다까지 했습니다."[11]라고 한 사실을 다시 거론했다. 이어 논자는 1900년 전후한 시기에 울릉도 주민이 독도를 '돌섬'으로 불렀다는 주장에는 하등의 근거가 없다고 주장한다. 또한 논자는, 앞서 홍성근이 밝힌, 울릉도 노인들이 1960년대까지도 독도를 '독섬'으로 불렀다는 주장은 獨島 명칭이 등장한 뒤의 사정을 말한 것이므로 1900년 전후의 사정을 전하는 증언으로 볼 수 없다고 주장한다. 한편 논자는 獨島가 '독섬'이란 소리 명칭으로 불리는 것은 여반장(如反掌)이라고 했다. 논자는 獨島가 '독섬'으로 불렸을 것임은 인정하지만, '돌섬'으로 불렸을 가능성은 인정하지 않고 있다.

필자는 1900년 전후 울릉도 주민들이 독도를 '돌섬'으로 불렀다고 주장하지 않는다. 독도는 돌섬을 의미하는 '독섬'으로 불렸고 이것이 문헌에서는 石島·獨島로 표기되었다고 본다. '독섬'이 '돌섬'의 의미이므로 한자 石(돌 석)의 뜻과 島(섬 도)의 뜻을 빌려 표기하면 '石島'가 되는 것이고, 한자 獨(홀로 독)의

---

11 이영훈 외, 2019, 앞의 책, 229쪽.

소리와 島(섬 도)의 뜻을 빌려 표기하면 '獨島'로 표기되는 것이다.

논자는 1902년의 잡지에 실린 〈명치 35년 울릉도 상황〉에 "울릉도 동쪽 50해리에 작은 섬이 있는데 리양코 섬이라 하며, 일본인은 이를 마쓰시마라고 칭한다"고 한 기록을 제시했다. 1902년의 잡지란 외무성 통상국이 편찬한 《통상휘찬(通商彙纂)》(제234호)을 가리킨다. 위 내용은 울릉도에 경찰관으로 파견된 니시무라 게이조(西村鉎象)가 1902년에 보고한 〈한국 울릉도 사정(韓國鬱陵島事情)〉을 말한다. 논자는 그 글에서 리양코 섬, 마쓰시마를 운운한 것을 들어 돌섬의 뜻인 독섬으로 불리지 않은 증거로 삼고 싶어 한다. 하지만, 니시무라는 "본도(本島)의 정동 약 50해리에 3개의 소도가 있다. '리양코 島'라고 한다. 본방인은 마쓰시마(松島)라고 한다. 이 섬에 전복이 있으므로 본도에서 출어하는 자가 있다."고 했다. 본도(울릉도)에서 출어한 자가 일본인인지 한국인인지를 밝히지 않았지만 당시 상황과 선박 보유현황을 고려해 볼 때 본도에서 출어한 자는 일본인일 가능성이 크다. 이 내용은 독도로 출어하던 일본인들이 이 섬을 두 가지 호칭으로 칭하고 있었음을 보여 주는 근거는 되지만, "리양코라고 부른 쪽이 한국인임을 알 수 있다"는 주장의 근거는 되지 못한다. 오히려 이 시기는 울릉도를 마쓰시마로 부를 정도로 혼란을 겪고 있었고 외래 호칭이 사용되고 있던 시기이다. 그럼에도 울릉도의 일본인들이 독도를 마쓰시마로 부르고 있었다면 한국인들이 '리양코 島'라는 외래호칭을 인지하고 사용했을 가능성은 낮다. 양국인 모두 전통적인 도서 인식을 지니고 있었다고 보아야 하기 때문이다.

논자가 인용한 니시무라의 기록에서 주목할 부분은 다른 데 있다. 니시무라는 "テッセミ島는 와달리 앞바다에 있는데, 본방인은 이를 竹島라고 속칭한다 …"라고 했다. 니시무라는 우리말 이름 '댓섬(竹島)'을 가타카나로 'テッセミ'(댓세미) 즉 '댓섬'이라고 기록한 것이다. 이는 울릉도 와달리 앞바다의 섬을 한인은 '댓섬'으로 불렀고, 일인은 '竹島'로 속칭했음을 보여 준다. 이런 표기의 예를 石島·獨島에 적용하면, 한자 표기 石島와 獨島가 '돌섬'이란 뜻의 방언인 '독섬'의 서로 다른 한자 표기였을 가능성을 높여준다.

1900년 전후에 울릉도 사람들이 부르던 '독섬'이란 이름을 한글로 표기하여 지금까지 전해 왔다면 지금과 같은 문제는 발생하지 않았을 것이다. 아쉽게도 그런 자료가 존재하지 않지만 일제강점기 때 울릉도의 조선인들이 '독섬'이라고 불렀음을 보여 주는 자료가 있

다. 일제강점기 내내 울릉도에 거주하며 통조림공장을 운영했던 오쿠무라 아키라(奧村亮)는 "조선인은 랑코島(竹島)를 獨島(トクソン, 도쿠손)이라고 했는데, 내지인과 대화할 때는 〈랑코〉島라고 했다."[12]고 1953년에 외무성 관리에게 증언한 바 있다. 오쿠무라는 조선 사람들이 말하던 '독섬'을 듣고 'トクソン'(도쿠손), 곧 '독섬'으로 기억한 것이다. 일제강점기에 불리던 '독섬'이란 이름이 하늘에서 갑자기 뚝 떨어졌을 리 없다. 지명은 쉽게 변하기 어려운 것이다. 이 지명은 울릉도에 사람들이 활발하게 왕래하던 1900년 이전에 형성되어 일제강점기까지 이어진 것이다.

5. 石島 → 獨島는 증명 불가의 명제

☞ '독섬'이 한자로 石島나 獨島로 표기될 수 있는 자료는 넘쳐난다

---

12 《昭和28年度 涉外關係綴》 가운데 〈오쿠무라 아키라(43세) 구술서〉(외무성, 1953년 8월)

이 절이 논자가 강변하고 싶은 핵심일 것이다. 논자는 "1900년에 성립한 石島라는 명칭이 무슨 이유로 1904년에 獨島라는 새 명칭으로 바뀌었"으며, "石島의 소리 명칭 '독섬'이 獨島라는 문자 명칭을 얻을 필연성이 어디에 있는가"라고 의문을 제기했다. 즉 '독'음의 한자는 獨 말고도 禿, 犢, 纛 등 여러 가지가 있는데 왜 굳이 獨이어야 하느냐는 것이다. 그동안 연구자들이 전라도 지역에서 '石'자로 된 지명이 소리 명칭 '독'으로 불린 몇 가지 사례를 들어 '石島=獨島'설을 입증하는 근거로 제시해 온 데 대하여 논자는 전라도의 언어생활이 獨島와 무슨 현실적·논리적 연관성을 갖는지 의문을 제기한 것이다.

1900년에 石島로 표기되었던 명칭이 1904년에 獨島로 표기된 이유는 간단하다. 우리말 이름인 '독섬'을 그 뜻을 따라 표기하면 石島가, 그 음을 따라 표기하면 獨島가 될 수 있기 때문이다. 전라도 사람들은 울릉도 동동남쪽 87.4km 지점에 있는 섬의 명칭을 '독섬'으로 불렀고 이 명칭이 울릉도 이주민에게 전해져 1900년에는 石島로, 1904년에는 獨島로 표기된 것이다. 더 정확히 말하면, 그렇게 표기된 명칭을 우리가 문헌에서 확인한 것뿐이다. 그러므로 이는 우리가 石島에서 獨島로 한자 표기가 바뀌었음을 확인한 시기가 1904년임을 의미할 뿐, 獨島라는 한자 표기가 반드시 1904년에 출현했음을 의미하는 것은 아니다.

논자는 '石島'의 소리 명칭 '독섬'이 獨島로 표기되어야 할 필연성이 있는지 의문을 제기했지만, 獨島라는 한자 표기를 바로 '石島'와 연관 짓고 동시에 이를 소리 명칭인 '독섬'과 연계시킨 국어학자가 있었다. 1947년 울릉도학술조사대에 참여한 방종현은 獨島를 보고 '獨'이라는 음에 무슨 뜻이 있을 것으로 추정했다. 그는 섬을 보자마자 '獨'자의 의미에서 어원을 생각한 것이 아니라 '독'이라는 음에서 어원을 생각한 것이다. 그는 섬의 모양이 '물독'에 비정할 수 있기보다는 石島의 뜻과 관계가 있을 것이라고 보았다. 즉 獨島에서 바로 石島를 떠올린 것이다. 그는 "獨島는 역시 돌뿐이요 오히려 흙이 없고, '石'을 '독'이라고 하는 것은 전라남도 해안에서 '절구'를 '독구통'이라고 하던가, '碁'를 '돌' 또는 '바독'으로, '다드미돌'을 '다드미독'이라고 하는 것 등에 비추어, 이 섬은 역시 石島의 뜻인 '독섬'이라고 생각된다."[13]라고 했다.

함께 학술조사대에 참여했던 국어학자 이숭녕도 〈내

---

13 방종현, 〈독도의 하루〉, 《경성대학 예과신문》 13호, 1947(《一蓑國語學論集》, 민중서관, 1963, 570~571쪽 수록).

자료 12 《조선어사전》(1938)에 〈돌〉의 사투리로 기록된 '독'

가 본 獨島〉[14]라는 글에서 獨島라는 명칭은 울릉도민이 독섬이라고 石島의 뜻으로 부른 것인데 이는 근세에 島民이 명명한 것이고, 개척 이전에 비밀리에 입주한 주민이 독섬이라는 뜻에서 獨島라고 부른 것이라고 보았다.[15] 그는 아예 "獨島는 〈독섬〉(石島)"[16]이라고 했다.

1938년 문세영(文世榮)이 펴낸 《조선어사전(朝鮮語辭典)》에는 위와 같이 '독'이 명사로서 '〈돌〉의 사투리'라고 나오며, 한자로는 '石'으로 기록되어 있다. 1940년

---

[14] 《希望》(1953)에 게재된 것을 다시 《독도》(1965)에 수록한 것이다.

[15] 《독도》, 대한공론사, 1965, 290쪽.

[16] 위의 책, 292쪽.

조선어학회의 《한글》 잡지에 실린 전주의 시골말(사투리) '독(石)'은 표준말이 '돌'이라고 나온다.[17] 1944년에 간행된 오구라 신페이[18]의 《조선어 방언 연구(朝鮮語方言の研究)》(하권) 금석(金石) 부분에는 한자 石의 조선말로 1번이 tol(돌), 2번이 tok(독)으로 나오는데, tok(독)이 조사된 지역은 전남 21개 군과 전북 12개 군, 경남 6개 군, 경북 4개 군, 충남 12개 군, 충북 2개 군이었다.

방종현과 이숭녕의 추정은 둘 다 '돌'을 방언으로 '독'으로 부른다는 사실을 인지하고 있던 언어학자였기 때문에 가능했다. 특히 방종현은 한자 표기 獨島를 또 다른 한자 표기 石島의 의미로 최초로 해석한 학자이다. 그는 칙령 제41호의 존재는 물론 그 안에

---

17 국립중앙도서관(http://www.dlibrary.go.kr)에서 온라인자료로 수집하여 원문 자료의 이미지를 제공하고 있다. '조선말지명'으로 검색한 뒤 '잡지학술지(31)'로 들어가서 간행연도가 '194007'로 기록된 자료의 원문보기를 누르면 볼 수 있다.

18 오구라 신페이(小倉進平, 1882~1944): 1903년 도쿄제국대학에 입학하여 언어학을 전공했고 1911년부터 조선총독부에서 근무했다. 1924년부터 유럽과 미국에서 유학하고 돌아와 1926년부터 경성제국대학 교수로 재직했고, 1933년부터 1943년까지는 도쿄제국대학 언어학과 주임교수로 재직했다. 20여 년 동안 조선 고문헌과 조선어 계통을 연구하는 데 주력했으며 조선어 방언을 직접 다니며 현지 조사했다. 울릉도 도동도 조사했다. 《朝鮮語方言の研究》는 그의 유작이다.

'石島'가 명기되어 있다는 사실조차 모르고 있던 상태였다. 그가 '獨島'를 보자마자 '石島'와 '독섬'을 떠올렸음은 獨島와 石島가 '독섬'에 대한 다른 한자 표기임을 방증한다. 그는 獨島를 石島 및 독섬과 연관지었지만 '돌섬'은 따로 언급하지 않았다. 독섬이 돌섬이란 의미에서 온 것임은 너무 자명하기 때문이다.

한자 표기 명칭 獨島를 '독섬'으로 부른다는 사실을 인지하는 것이 언어학자의 전유물은 아니었다. 방종현과 함께 조사에 참여했던 울릉도학술조사대장이자 민속학자 송석하도 "鬱陵島에서 다시 東便으로 四十八海里를 가면 때의 각광을 받은 독섬(獨島)이 있다."[19]라고 했다. 또한 그는 "東西 독섬으로 되어"라고도 했다. 그 역시 칙령 제41호의 石島는 언급한 바가 없다. 이는 1940년대에 한자 표기 명칭 獨島를 '독섬'으로 부르는 것이 보편적이었음을 보여 준다.

이렇듯 1947년 당시는 獨島가 독섬·石島에서 온 것임을 당연시하던 분위기였다. 1947년 학술조사대의 누구도 칙령 제41호와 거기 명기된 '石島'를 인지하지 못하고 있었다. 그럼에도 대부분의 사람들은 獨島를

---

[19] 송석하, 〈古色蒼然한 歷史的 遺跡 鬱陵島를 찾아서!〉(1947.12.1.), 《국제보도》 3권 1호(국제보도연맹, 1948)

'독섬·石島'와 동일시했다. 최남선을 제외한 대부분의 학자들은 '독섬'을 돌섬의 뜻으로 인식했고, 따라서 한자 獨의 뜻과는 상관이 없다고 인식했다. 방종현은 1947년 당시 현지 주민들이 獨島를 '독섬'으로 부른다고 했다. 조사대는 현지에서 주민들이 '독섬'으로 부르는 것을 직접 들었다. 이렇듯 1940년대에 獨島를 독섬·石島와 동일시하는 것은 매우 자연스러웠다. 이런 인식은 1970년대까지도 지속되고 있었고, 현재도 울릉도 노인들은 獨島를 독섬이라고 한다.

참고로 獨島의 獨이 '독섬'의 '독'에 대해 한자 獨의 발음을 따서 표기한 것임은 우리나라(남한)의 지명에 대해 현지 조사와 문헌 조사를 병행한 뒤 도－시·군－구면－동리의 순서로 정리하여 간행한 《한국지명총람》(20책)의 사례를 통해서도 유추할 수 있다. 《한국지명총람》에서 우리말 지명의 첫 번째 한자 표기로 '獨'이 나오는 사례는 133개였다. 그 가운데 우리말 '독'에 대해 獨의 소리를 따서 표기한 것이 압도적으로 많은 116개(87.2%)나 되었고, 우리말 '홀.오.외.딴.땅.윗'에 대해 한자 獨의 뜻을 따서 표기한 것이 15개(11.3%), 우리말과 한자 표기의 관계를 알 수 없는 것이 2개(1.5%)였다(별표 1 참조).

한편 논자는 '독'의 발음을 가지고 있는 한자가 獨

말고도 禿, 犢, 蠹 등 여러 가지가 있는데 왜 굳이 獨으로 표기해야 하는지를 물었다. 논자의 말대로 '독섬'에서 온 명칭이니만큼 '독'자가 한자로 '獨'으로만 표기된 것은 아니다. 1947년 서울신문은 "울릉도와 독도(鵚島)의 전모를 보여주리라고 하야..."라고 보도했다. 禿島, 犢島, 蠹島도 우리말 지명의 '독'을 한자의 소리를 빌려 표기한 예에 해당한다. '독'을 한자 '獨'으로 음차 표기한 경우가 '독섬'에만 해당하는 것도 아니다. 독매(獨山), 독골(獨谷) 등도 '독'을 한자 '獨'으로 음차 표기한 경우에 해당된다.

다음은 논자가 전라도의 언어생활이 독섬과 무슨 연관성이 있는지 의문을 제기한 부분에 대하여 검토하고자 한다. 논자는 연구자들이 《조선지지자료(朝鮮地誌資料)》에서 전라도 지역의 지명 가운데 石자가 소리 명칭 '독'음으로 불린 몇 가지 사례를 들어 '石島=獨島'설을 입증하려 했지만 그런 사례 가운데 '石'이란 한자가 '獨'이란 한자로 전화한 사례는 단 하나도 없다고 했다. 즉 '石島'라는 문자 명칭이 '獨島'라는 문자 명칭으로 전화하는 과정이나 언어학적 논리가 증명된 적은 없다는 것이다. 그러나 앞에서 언급했듯이 두 명칭은 우리말 지명의 소리를 다른 한자로 표기한 것에 불과할 뿐이므로 '石島'에서 '獨島'로의 전화 과정을 반드시 증명해야 할 필요는 없다. '돌'의 뜻으로 사용된 '독'을 한자 '獨'의 소리 혹은 한자 '石'의 뜻을 빌려 표기한 용례를 제시하면 그것으로 독섬·石島·獨島와의 관계는 입증될 수 있는 것이다.

《한국지명총람》(20책)에는 '독섬'처럼 지명의 첫 번째 글자에 '돌(石)'의 의미로 사용된 '독'의 사례가 319개나 있다(별표 2 참조). 그 319개를 도별로 정리하면 전라남도가 절반이 넘는 56.7%의 181개이며, 전라북도까지 합하면 절대 다수라고 말할 수 있는 78.1%의 251개나 된다. 1882년 이규원이 울릉도에서 만난 조선인 140명 가운데 전라도의 흥양과 낙안 사람이 전체의 82.1%인 114명이나 되었던 사실과 연결해서 생각하면 유의미한 관계가 설정될 수 있다. 그리고 319개 가운데 '독'을 한자 '石'으로 표기한 사례는 68개였고, 한자 '獨'으로 표기한 사례는 6개였다.

石島가 獨島임을 증명할 수 있는 방법으로 언어학적 방증만 있는 것은 아니다. 울릉도 주변에 섬이 많지 않기 때문에 칙령 제41호에서 명기한 섬의 이름을 현재의 도서명에 대입해서 증명하는 방법도 있다. 칙령 제41호에 명기된 섬의 이름은 울릉전도(鬱陵全島)와 竹島(댓섬), 石島이다. 현재 울릉군에 속한 큰 섬의 이름은 울릉도 본섬과 竹島(댓섬), 관음도(觀音島,

표 1 '돌'과 같은 뜻으로 사용된 '독'의 도별 분포(《한국지명총람》)

도道	숫자(%)	도道	숫자(%)
강원도	1(0.3)	전라남도	181(56.7)
경기도	9(2.8)	전라북도	70(22.0)
경상남도	10(3.2)	제주도	3(0.9)
경상북도	11(3.5)	충청남도	31(9.7)
부산직할시	0(0.0)	충청북도	0(0.0)
서울특별시	1(0.3)	합계	319(100.0)
인천직할시	2(0.6)		

깍새섬), 獨島이다. 칙령 제41호의 지명과 현재의 지명에서 공통되는 것은 울릉도(울릉전도)와 竹島(댓섬)이다. 이 둘을 제외하면 칙령 제41호에서는 石島가, 현재의 지명에서는 관음도와 獨島가 남는다. 그렇다면 이 문제는 칙령 제41호의 石島가 관음도와 獨島 가운데 어디에 해당되는지를 밝히면 해결될 것이다.

칙령 제41호에 앞서 지명을 가장 많이 기록한 문헌은 1882년에 이규원이 울릉도를 조사한 뒤 작성한 《울릉도 검찰일기》와 〈울릉도외도〉이다. 〈울릉도외도〉에는 관음도 근처의 두 섬 사이에 島項(섬목)이 표기되어 있다. 《울릉도 검찰일기》 5월 9일자 기록에는 다음과 같은 내용이 있다.

한편 바닷가에 석굴이 있는데 보랏빛이며, 물이 가늘게 흘러버렸다. 석간주혈(石間朱穴)이라 칭하지만 붉은 기둥

은 아니었다. 그 아래 선판구미(船板邱尾)라는 작은 포구
가 하나 있는데, 움막을 지었던 흔적이 있고 그 뒤로 누
군가 나무를 끌고 간 흔적이 남은 긴 골짜기가 있었다.
남쪽 바다에 두 개의 작은 섬이 있는데, 소가 누워 있는
듯한 형상인데, 하나는 왼쪽으로 하나는 오른쪽으로 돌고
있는 모습이다. 각각 섬의 한쪽에는 어린 대나무가 빽빽
이 자라고 있고 한쪽에는 잡초가 나 있었다. 높이는 수백
길이었다. 너비는 얼마 되지 않지만 길이는 500-600보쯤
이었다. 사람들은 하나는 島項(섬목), 다른 하나는 竹島
(댓섬)이라고 불렀는데, 둘레는 10리쯤 되었다.[20]

비슷한 내용이 《울릉도 검찰일기 계초본》에도 실
려 있는데 약간 다르다. 두 기록은 모두 이규원이 울
릉도 가까이 있는 섬에 대하여 사람들에게서 들은 호
칭을 한자 竹島와 島項으로 표기했음을 보여 준다. 그
가 사람들에게서 들은 바를 써 준 것이므로 실제로
불린 명칭은 댓섬과 섬목이었을 것이다. 그는 울릉도
남쪽으로 "두 개의 작은 섬이 있다"고 하여 댓섬뿐만

20 이혜은·이형근, 《만은 이규원의 〈울릉도 검찰일기〉, 한국해양
수산개발원, 2006. 번역은 필자가 윤문했다(而其海邊有石穴 色紫
流水細滴 其名石間朱穴 而不足爲石朱也 其下有一小浦 名曰船板邱
尾 而有結幕痕 其後有長谷曳木痕矣 南便洋中 有二小島 形如臥牛
而一爲右旋 一爲左旋 各其一便 則稚竹有叢 一便 則雜卉腐生 高爲
數百丈 廣爲數□之地 長爲五六百步 人云島項 亦云竹島也 周可十里
許).〔□는 미상〕

아니라 '섬목'을 섬으로 간주했으므로 지금의 '관음도'를 '島項'(섬목)으로 기록한 것임을 알 수 있다.

그렇다면 이규원이 관음도라는 지명을 몰라서 島項으로만 표기했을까? 관음도와 유사한 지명은 1883년 일본의 내무성 관리 히가키 나오에의 〈울릉도 출장복명서〉에서 보이고 있다. 히가키는 복명서에 울릉도 지도를 그려 넣었는데, 울릉도 동쪽에 島項을, 그 아래의 관음도 부분에 觀音崎를 그려 넣었고, 竹島는 따로 그렸다. 히가키는 현재의 사동을 아륙사(阿陸沙)로 표기하고 그 옆에 觀音浦(관음포)라는 지명을 따로 기입했다. 히가키가 기입한 '觀音崎'(관음기)가 지금의 관음도에 해당한다. 그러므로 비슷한 시기에 조사했던 이규원이 관음도라는 지명을 몰랐을 리는 없다. 그런데도 島項 하나만 명기한 것은 이 섬이 관음도를 포함한다고 여겨서이다. 1900년에 울릉도를 조사한 부산영사관보 아까쓰카 쇼스케 역시 출장복명서에 울릉도 지도를 첨부했는데, '島牧'(섬목), '觀音崎', '竹島'라는 지명을 기입했다.[21]

이렇듯 島項(섬목)과 觀音島(관음도)라는 지명은 1880

---

[21] 《주한 일본공사관기록》 14권 〈각 영사관 기밀래신〉 '鬱陵島調査槪況 및 山林調査槪況 報告 件'

년대 초반부터 성립해 있었다. 그러므로 대한제국 정부가 칙령 제41호를 제정할 당시 '石島'가 두 지명 가운데 하나에 속한다고 여겼다면 둘 가운데 하나를 선택했을 것이다. 그러나 정부는 '石島'라는 새 지명을 등장시켰다. 이는 島項(섬목)이나 觀音島(관음도)에 石島를 해당시킬 수 없었음을 의미한다. '島項'(섬목)은 그 뜻에서 돌섬이란 뜻의 石島와 연관 지을 만한 것이 없고, 지형상으로도 울릉도 본섬에 붙어 있으므로 섬으로 보기도 어렵다. '觀音島' 또한 대나무가 빽빽한 섬이므로 돌섬이란 뜻의 石島와 연관 지을 만한 것이 없다. 또한 島項(섬목)과 觀音島(관음도)를 같은 범주22 안에 묶을 수 있으므로, 칙령에서는 이를 포함한다는 의미로 '울릉전도'라고 한 것이다.

이로써 칙령 제41호의 '石島'는 현재의 지명 가운데 竹島(댓섬)과 관음도에 해당시킬 수 없음을 알 수 있다. 竹島(댓섬)과 관음도를 제외하면 무엇이 남는가?

---

22 1902년에 경찰관 니시무라 게이조(西村鍵象)도 島項과 觀音島를 같은 범주로 다루고 있다. 그는 〈한국 울릉도 사정〉이라는 보고서에서 "亭石浦(정석포) 해상에 双燭石(쌍촉석)과 島牧(도목)이라는 도서가 있는데 둘레가 20정이다. 본방인은 이를 觀音島라 칭하며 그 산허리를 觀音岬이라고 하며 그 사이를 관음의 세토(瀨戸)라고 불렀다."라고 적었다. 섬목을 島牧이라 표기하고, 둘레가 20정이며 본방인이 觀音島라 부른다고 했으므로 니시무라 역시 섬목과 관음도를 같은 범주로 다루었음을 알 수 있다.

獨島만 남는다. 결국 칙령 제41호의 '石島'는 '獨島'에 해당시킬 수밖에 없다. 그럼에도 石島가 獨島로 바뀐 원인을 구명하라는 것은 비판을 위한 비판일 뿐이며, 독섬을 한자 石島로 표기한 사실을 인정하지 않는 것은 억지에 지나지 않는다. 현재 일본 외무성은 칙령 제41호의 '石島'가 어느 섬을 가리키는지 명확히 밝히지 않고 있다. 그 대신 "한국 측은 石島가 竹島(다케시마, 獨島)라는 명확한 근거를 제시하지 못하고 있다"고 하고, "가령 石島가 竹島(다케시마, 獨島)를 가리킨다고 할지라도 …"라고 하며 대한제국의 실효 지배를 스스로 입증할 것을 요구하고 있다. 이런 수사(修辭)는 사실상 칙령 제41호의 石島가 獨島임을 스스로 인정하는 것이나 다름없다.

6. 1916년 지형도로부터의 정보

☞ 《조선오만분일지형도》의 가타가나 지명 표기는 다른 자료와 비교하며 이해해야 오류가 없다

논자는 《근세한국오만분지일지형도》에 분포한 지명

에 기대어 볼 때 石島의 소리 명칭이 '돌섬'과 '석섬' '석도' 세 가지인데 그 가운데 돌섬이 가장 일반적이며 '독섬'인 곳은 전국 어디에도 없다고 주장한다. 이에 대해서는 앞에서 '독섬'을 한자 石의 뜻을 따서 石島로, 한자 獨의 소리를 따서 獨島로 표기한 것임을 많은 지면을 할애하며 논증했으므로 더 이상 반복하지 않겠다. 다만 논자의 주장에서 짚고 넘어가야 할 점이 있다. 이 절에서 논자는 한자 표기 지명인 石島의 소리 명칭으로 '돌섬'이 일반적이었음을 인정한 반면, 앞 절에서는 "그 '돌섬'이 石島로 표기되었다는 주장도 억측에 불과하다."고 하여 앞뒤가 맞지 않는 논리를 전개하고 있다.

논자는 해남군 산이면의 獨島(ㅏㅋㅅㅿ, 독섬)과 영암군 곤이종면의 石島(ㅏㄹㅅㅿ, 돌섬)이 동일한 도엽(圖葉)에 함께 보인다는 사실을 들어 獨島와 石島는 그 이름의 뜻이 같지 않다고 주장한다. 즉 獨島는 "홀로 있는 섬"이란 뜻이고, 石島는 "돌로 된 섬"이란 뜻이라는 것이다. 그러나 《한국지명총람》에는 논자가 찾아낸 산이면 금호리의 獨島(독섬)이 '돌섬'의 의미로 조사되어 있다(별표 2 참조). 해남군 산이면의 獨島(독섬)과 영암군 곤이종면[23]의 石島(돌섬)의 경우는 전라도라고 하더라도 돌섬이란 의미의 섬 이름이 '독섬'

으로도, '돌섬'으로도 불릴 수 있음을 보여 주는 사례로서 제시할 수 있다. 하지만 《한국지명총람》의 조사 내용과 비교해 보면, 獨島는 "홀로 있는 섬", 石島는 "돌로 된 섬"이란 제한된 뜻의 사례로는 될 수 없다.

논자가 제시한 《근세한국오만분지일지형도》는 일제 강점기 조선총독부 육지측량부가 1914년에서 1919년 사이에 제작한 한반도 492개 지역의 지형도를 가리킨다.[24] 여기에는 지명이 한자와 일본어 가타카나로 표기되어 있는데, 가타카나로 기록된 모든 지명을 당시 지역 사람들이 부르던 소리 명칭을 기록한 것으로 오해하면 안 된다. 지역 사람들이 부르던 소리 명칭을 조사하여 기록한 경우도 있고, 그냥 표기된 한자의 소리 명칭을 기록한 경우도 있다. 후자가 더 많은데, 이럴 경우 실제 조사를 기초로 작성된 《한국지명총람》 등의 자료와 비교하며 이해해야 오류가 없다. 논자가 찾아낸 전라도 고흥군 금사면의 獨島에는 한자 발음 '독도'가 가타카나로 'トクトー'(독도)라고 적혀

---

23 지금은 영암군 삼호읍으로 바뀌었다.

24 국사편찬위원회의 홈페이지(http://www.history.go.kr/)에서 한국사데이터베이스 → 일제강점기 → 한국근대지도자료의 순서로 찾아가면 논자가 언급한 《근세한국오만분지일지형도》를 '朝鮮五万分─地形圖(조선오만분일지형도)'란 이름으로 전국 모든 지도의 이미지를 볼 수 있다.

있다. 그런데 《한국지명총람》에는 바위섬이기 때문에 불린 이름인 '독섬'이 한자로는 獨島로 표기된 것으로 조사되었다(별표 2 참조).

논자는 '고유영토'설 주장자들이 "전라도 방언이나 국어학자의 막연한 추측에 빙자하여 1900년의 石島는 그 소리 명칭이 '독섬'이니 1904년에 이르러 '獨島'로 표기되었다는 식의 논리를 개발하고 교육해 온 작태에 탄식을 금치 못한"[25]다고 비판했다. 하지만 돌을 '독'으로 부르는 것이 전라도와 경상도 지역의 방언임을 밝힌 자는 일제강점기 조선어 방언을 연구한 오구라 신페이였다. 그는 근무하는 여가에 조사한 것이긴 하지만 20년 넘게 조선 각지의 방언을 찾아 다녔다. 방종현과 이숭녕 같은 국어학자는 오구라 연구를 인식하고 있었을 것이다. 언어학적 방증도 입증의 한 방편이다. 그런데도 논자가 이를 인정하려 하지 않는다면 우리가 대응할 방법은 없다.

---

[25] 이영훈 외, 2020, 앞의 책, 234쪽.

7. 과연 항의하려 했던가

☞ 더 얼마나 신속하게 항의해야 항의했다고 말하려는가.

논자는 독도 연구자들이 일본의 獨島 편입에 대한 제국 정부가 제대로 항의하지 못한 원인을 외교권의 상실에서 찾는 것을 비판했다. 일본이 편입한 시기는 1905년 1월(2월이 맞음)이고 군수가 이를 인지하는 것은 1906년 4월(3월이 맞음) 4일이므로 외교권 상실 운운은 거짓말이라는 것이다. 나아가 논자는 4월 4일에 편입 사실을 인지한 군수가 강원도관찰사에게 보고하고 이 보고가 다시 의정부에 보고되는 4월 29일까지의 시간은 너무 느린 대응이라고 비판했다.

이런 비판은 군수의 보고에서부터 참정대신의 지령이 나오기까지의 대응양태와 당시의 교통상황을 제대로 이해했다면 있기 어려운 비판이다. 먼저 심흥택보고서와 이명래의 〈보고서 호외〉, 참정대신의 지령에 대해 알아볼 필요가 있다. 이를 적어 보면 다음과 같다(필자가 현대문으로 고침).

(1) 심흥택보고서(1906.3.5.)[26]

본군 소속 獨島가 바깥바다 백여 리 밖에 있는데, 이달

4일 진시(오전 7시에서 9시)쯤 윤선(輪船) 한 척이 군내의 도동 포구에 와서 정박했습니다. 일본 관인 일행이 판사(官舍)에 와서 말하기를, '獨島가 이번에 일본 영지(領地)가 되었으므로 시찰차 왔다'고 했는데, 그 일행은 일본 시마네현 오키도사 히가시 분스케(東文輔) 및 사무관 진자이 요시타로(神西由太郎) 세무감독국장 요시다 헤이고(吉田平吾), 분서장 경부(警部) 가게야마 간하치로(影山嚴八郎), 순사(巡査) 1인, 회의(會議) 1인, 의사와 기수(技手) 각 1인, 그 밖에 수행원 10여 명입니다. 먼저 가호(家戶)의 총 인구와 토지생산의 다소를 묻고 인원과 경비 등 제반 사무를 물어 조사해 갈 모양으로 적어 갔기에 이를 보고하오니 살펴보시기 바랍니다.

1906년 음3월 5일

---

26 심흥택보고서 부본이 현재는 전하지 않으므로 1955년의 《독도문제개론》(22쪽)에 실린 것을 전재했다. 외무부가 옮긴 내용과 이명래의 〈보고서 호외〉에 전재된 내용 사이에 글자 출입이 있다. 〈보고서 호외〉 원문을 기준으로 삼아야 할 듯하다.
〈報告書〉
本郡所屬 獨島가 在於外洋百餘里外이 옵드니 本月初四日 辰時量에 輪船一隻이 來泊于郡內道洞浦 而 日本官人 一行이 到于官舍하여 自云 獨島가 今爲 日本領地 故로 視察次로 來到이다 인바 其一行卽 日本島根縣 隱岐島司 東文輔 及事務官 神西由太郎 稅務監督局長 吉田平五 分署長 警部 影山岩八郎 巡査一人 會議員一人 醫師技手各一人 其外 隨員十餘人이 先問戶摠人口 土地 及 生産 多少ㅎ고 次問 人員 及 經費 幾許 諸般事務를 以調査 樣으로 錄去이압기 玆以 報告하오니 照亮하심을 務望함
光武十年丙午 陰三月五日

(2) 보고서 호외(1906.4.29.)[27]

울도군수 심흥택의 보고에 따르면, "본군 소속 獨島가 바깥바다 백여 리 밖에 있는데, 이달 초 4일 진시 경에 윤선(輪船) 한 척이 군네의 도동 포구에 와서 정박하였습니다. 일본 관인 일행이 관사에 와서 말하기를, '獨島가 이번에 일본 영지가 되었기에 시찰차 나왔다'고 했습니다. 그 일행은 일본 시마네현 오키도사 히가시 분스케와 사무관 진자이 요시타로, 세무감독국장 요시다 헤이고, 분서장 경부 가게야마 간하치로와 순사 1인, 회의(會議) 1인, 의사와 기수 각 1인, 그 밖에 수행원 등의 10여 명인데, 먼저 가호의 총 인구와 토지의 생산을 묻고 인원과 경비 등 제반 사무를 물어 조사해 갈 모양으로 적어 갔기에 이를 보고하오니, 살펴보시기 바랍니다"고 하기에,

27 《各觀察道案》에 실려 있는 원문은 다음과 같다.
〈報告書號外〉
鬱島郡守沈興澤報告書內開에 本郡所屬獨島가 在於外洋百餘里外이 삽더니 本月初四日辰時量에 輪船一隻이 來泊于郡內道洞浦而日本官人一行에 到于官舍ㅎ야 自云獨島가 今爲日本領地故로 視察次來到이다이온바 其一行則日本島根縣隱岐島司東文補及事務官神西由太郎 稅務監督局長吉田平吾 分署長警部影山岩八郎 巡査一人會議一人醫師技手各一人 其外隨員十餘人이 先問戶摠人口 土地生産多少ㅎ고 且問人員及經費幾許諸般事務를 以調査樣으로 錄去이옵기 玆에 報告ㅎ오니 照亮ㅎ시믈 伏望等因으로 准此報告ㅎ오니 照亮ㅎ시믈 伏望

光武十年四月二十九日
                          江原道觀察使署理春川郡守 李明來
議政府 參政大臣 閣下

이에 의거하여 보고하니 살펴주시기 바랍니다.

1906년 4월 29일

강원도관찰사 서리 춘천군수 이명래

의정부 참정대신 합하

(3) 지령 제3호(1906.5.10)[28]

보내온 보고는 다 보았다. 獨島를 영지로 했다는 설은 전혀 근거가 없으니, 섬의 형편과 일본인의 행동 여하를 다시 조사하여 보고할 것.

5월 10일

위의 글로 군수 심흥택이 일본인에게서 獨島 편입 사실을 들은 시기가 1906년 음력 3월 4일(양력 3월 28일)임을 알 수 있다. 심흥택이 이 사실을 강원도관찰사 서리 춘천군수 이명래에게 보고한 시기는 보고서(부본)에 적혀 있듯이 "광무 십년 병오 음삼월 오일"이다. 3월 5일은 양력으로는 3월 29일이다. 이명

---

28 원문은 다음과 같다.
 〈指令 第三号〉
 來報는 閱悉이고 獨島領地之說은 全屬無根ᄒ니 該島形便과 日人如
 何行動을 更爲査報할事
 五月十日

래는 의정부에 보고하는 문서에서 "광무 10년 4월 29일", 곧 양력으로 적었다. 논자가 무슨 근거에서 심흥택이 4월 4일에 인지했다고 반복적으로 주장하는지 알 수 없지만, 일련의 보고 일자를 양력을 기준으로 적어 보면, 시마네현 시찰단이 군수에게 편입 사실을 알린 시기는 3월 28일, 군수가 관찰사에게 제출할 보고서를 작성한 시기는 3월 29일, 관찰사가 참정대신에게 제출할 보고서를 작성한 시기는 4월 29일, 이 보고서가 의정부에 접수된 시기는 5월 7일, 참정대신이 지령을 낸 시기는 5월 10일[29]이다.

군수 심흥택은 獨島 편입 사실을 듣자마자 그 다음 날(3월 29일)로 보고서를 작성하여 관찰사에게 바로 보고하려 했지만 울릉도에서 관찰사가 있는 원주까지 도달하는 데 한 달이 걸렸음을 이로써 알 수 있다. 원주에서 서울까지는 대략 일주일이 걸렸다. 이를 일러 논자는 "구래의 역참제에 의존하여 느릿느릿 흐른 보고와 대응의 과정"이라고 했지만, 당시로는 매우 신속한 대응이다. 육지와 교통하려면 선박에 의존할

---

[29] 이영훈은 5월 20일(《주간조선》 2575호, 2019.9.23)이라고 했으나 5월 10일이 맞다. 그동안 선행연구를 답습하여 5월 20일로 알고 있었지만 필자가 원문을 확인한 결과 10일이 맞다. 지금은 대부분 10일로 기재하고 있다.

수밖에 없는데, 조선인 소유의 선박이 거의 없어 일본인 선박에 의존해야 하는 상황인 데다 일기가 받쳐주어야 한다. 지금도 울릉도에 가려면 4월 중순이 넘어야 하고 그것도 일기가 좋아야만 가능하다. 울릉도에서 원주에 도달한 시기가 4월 29일 이전이었다는 것은 4월 중순이 넘어서야 출선(出船)할 수 있었다는 얘기다. 강원도관찰사는 심흥택의 보고서를 받자마자 〈보고서 호외〉로 의정부에 보고했다. 일본인 일행이 3월 28일 저녁 8시가 넘어서 일본으로 향했는데 심흥택은 이들이 떠난 사실을 안 뒤 이튿날 바로 관찰사에게 제출할 보고서를 작성한 것이다. 심흥택의 보고를 받은 관찰사 이명래는 〈보고서 호외〉로써 의정부에 보고했다. 〈보고서 호외〉라고 했듯이 관찰사도 獨島 편입을 위기상황으로 인식하고 민첩하게 보고했음을 엿볼 수 있다. 군수는 관찰사에게만 보고한 것이 아니라 내부대신에게도 따로 보고했다.[30]

심흥택이 "본군 소속 獨島가…"로 시작하며 보고했고 이명래도 이를 그대로 참정대신에게 보고했다. 그런데 군수 심흥택이 칭한 '獨島'에 대해 관찰사와 참

[30] 《대한매일신보》(1906.5.1.)가 "울도군수 심흥택씨가 내부에 보고하되 …"라고 보도한 것이 이를 말해 준다.

정대신, 내부대신 누구도 의문을 제기하지 않았다. 군수가 언급한 '獨島'를 인지하지 못했거나 서로 다르게 인식하고 있었다면 누군가는 분명 군수에게 '獨島'에 대해 물었어야 한다. 누구도 이에 의문을 제기하지 않았음은 獨島가 어떤 섬임을 똑같이 인식하고 있었음을 의미한다.

관찰사의 보고에 대하여 참정대신 박제순은 (일본이) 獨島를 영지로 했다는 설은 전혀 근거가 없다고 했다. 당시는 의정대신이 공석이었으므로 참정대신이 최고행정기관의 책임자 역할을 하고 있던 시기다. 논자는 "지령을 보면 울릉도 근방의 어느 섬에 일본인이 무단 상륙하여 자기네 땅이라고 행패를 부리는 상황을 연상했을 것으로 보인다"고 했다. 군수가 獨島를 일러 "본부의 외양 백여 리 밖에 있는데"라고 분명히 말했는데 어떻게 울릉도 근방의 어느 섬으로 볼 수 있는가? 게다가 참정대신 박제순의 지령 논조는 일본인의 행패를 비난하는 정도가 아니다. 또한 일본이 아무리 제국주의적 위세를 떨치고 있던 상황이라 하더라도 울릉도 근방의 섬까지 자국 땅으로 편입할 수는 없다. 더구나 논자가 말한 울릉도 근방의 어느 섬은 竹島(댓섬)이나 관음도로밖에 볼 수 없는데 이들 섬이 일본인이 무단 상륙하여 행패를 부릴 만한 곳인

가? 울릉도 조사를 목적으로 온 시찰단이 누구를 상
대로 무인도에서 행패를 부린단 말인가.

논자는 《증보문헌비고》의 서문을 지은 박제순의 입
장에서 보면, 그 문헌에 우산도가 언급되고 있으므로
빼앗긴 섬으로 인식하지 않았으며 獨島에 대해서도
알지 못했을 것이라고 주장한다. 이어 "그래도 영토
에 관한 중요 문제인지라 우선 일본의 주장을 부정한
다음, 해당 섬의 형편과 일본인의 행동거지를 다시
조사, 보고하라고 지령을 내렸던 것"이라고 한다. 박
제순이 우산도와 獨島를 분리·인식했다면 獨島에 대
해 파악하는 것이 순서였을 터이고, 그런 뒤에 다른
조치를 취했어야 한다. 하지만 일련의 보고와 대응체
계로 볼 때 그랬을 가능성은 전혀 없다. 어떤 섬인지
제대로 알지도 못하면서 어떻게 무턱대고 일본의 주
장부터 부정할 수 있단 말인가.

8. 과연 불가능하였던가

☞ 외부가 폐지된 상태에서 얼마나 더 최선을 다해야 한다고
했다고 말하려는가.

논자의 요지는 대한제국 정부가 1905년 11월 제2차 한일협약[31] 때문에 獨島 편입 사실을 일본 정부에 항의하지 못했다는 연구자들의 주장은 사실이 아니라는 것이다. 그 예로 1906년 죽변포 근처 망루 토지 매각에 대해 참정대신 박제순이 이토 히로부미(伊藤博文) 통감에게 항의하고 통감이 한 달에 한 번 대한제국 정부의 대신들과 시정에 관한 협의회를 개최한 사실을 들었다. 논자의 논리는 이에 견주어 볼 때 獨島 편입처럼 "몇 조각 토지" 매매가 아니라 섬이 통째로 침탈당한 일은 당연히 더 격렬한 항의가 제기되었어야 하지만 그렇지 않았다는 것이다. 또한 논자는 통감이 대한제국 대신들과 시정에 관한 협의회를 개최했고, 대신들이 황제의 위신과 관계된 일에 대해 통감에게 항의하고 시정을 요구했음을 들어 외교권을 핑계로 대는 것은 어불성설이라고 비판한다.

통감부 체제에서 통감부가 대한제국 정부와 내정을 협의하는 것은 당연하다. 대한제국 정부 입장에서는 통감부와 협의하거나 항의할 수 있는 사안이 영토 문

---

[31] 1905년 11월 일본 추밀원 의장 이토 히로부미가 대한제국 정부 각료들을 압박하여 승인하게 만든 조약으로 '을사늑약'이라고도 한다. 대한제국의 외교권을 박탈하고 통감부를 두는 것을 골자로 한다. 통감부는 1906년 2월부터 사무를 개시했다.

제를 제외한 내정에 국한되어 있었다. 토지 매입을 항의한 것도 그런 차원이다. 그러나 영토 편입은 차원이 다른, 양국이 외교적으로 해결해야 할 사안이다. 그러나 대한제국의 외부(外部, 지금의 외교부)는 1906년 1월에 폐지되었고 외교 업무는 의정부 외사국으로 격하되어 이관된 상태였다. 통상 문제라면 의정부 외사국이 통감부와 협의할 수 있었겠지만 영토 문제는 교섭의 주도권을 통감부가 지녔을 것이다. 이런 상황에서 대한제국 정부가 獨島 편입에 항의할 수 있는 외교 채널은 사실상 없었다고 봐야 한다.

논자는 심흥택이 독도에 가서 실태를 조사한 뒤 참정대신 박제순에게 보고했다면 박제순은 그 섬이 우리 땅이 아니라고 판단했을 가능성이 크다고 했다. 심흥택이 독도에 간 흔적은 없다. 그런데 독도에 가야만 우리 땅인지를 판단한단 말인가? 가 보지도 않은 심흥택과 박제순이 동일한 인식을 지닌 것에 대해서는 어떻게 설명할 것인가? 더구나 심흥택은 독도에서 산출된 강치나 전복, 우뭇가사리 등에 대하여 일본인에게 세금을 부과한 자이다. 울릉도는 비개항장이어서 교역이 금지된 곳임에도 일본인들은 울릉도를 다스리는 수장(도감과 군수)에게 세금을 납부하며 목재와 곡물 교역 등의 경제활동을 해 왔다. 울릉도의 일본인들은 독도를 편입한 1905년에도 독도강치를 잡아 일본으로 수출하고 있었다. 이때 일본 외무성 관리는 독도강치를 울릉도 수출품으로 분류했고, 외무성은 자국민이 수출세를 대한제국에 납부해 왔음을 강조하며 울릉도 거주권을 요구했다. 1906년 시찰단의 일원으로 울릉도에 왔던 오쿠하라 헤키운은 이해에도 군수가 과세권을 지니고 있다고 기록했다.[32] 논자의 논리대로라면 독도에도 가 보지 못한 군수가 어떻게 독도강치에 과세하는 것이 가능했겠는가?

논자는 1906년 5월 1일의 《대한매일신보》와 《제국신문》, 5월 9일의 《황성신문》, 황현의 일기 《매천야록》 등으로 일본의 영토 편입에 대한 대한제국의 반응을 알 수 있지만, 격한 논조가 아님에도 연구자들은 이를 '거국적인 항의'라고 하는 등 과장이 심하다고 비판했다. 이어 논자는 《증보문헌비고》에서 보듯이 우산도는 전래의 환상으로 건재했고, 울릉도 동북에 부속한 석도 역시 대한제국의 영토로서 건재했다는 것으로 결론을 맺었다.

그러나 당시 대부분의 언론은 일본의 편입 사실을

---

32 "조세 징수는 한국 정부가 군수에게 일임하고 있"다고 했다 (오쿠하라 헤키운, 《竹島及鬱陵島》, 1907, 2005년 복각판, 58쪽).

자료 I2 대한매일신보(1906.5.1.)

비슷한 논조로 보도했다. 재야 학자 황현도 《오하기문
(梧下記聞)》과 《매천야록(梅泉野錄)》에서 같은 내용을
기술했다. 이들을 적어 보면 다음과 같다.

(1) 대한매일신보(大韓每日申報, 1906.5.1.)
　　무변불유(無變不有, 변이 있다)[33]

---

33 원문은 다음과 같다.
　"鬱島郡守沈興澤氏가 니府에 報告ᄒ되 日本官員一行이 來到本郡
ᄒ야 本郡所在 獨島ᄂ 日本屬地라 自稱ᄒ고 地界濶狹과 戸口結總
을 ──錄去라ᄒ얏ᄂ디, 내부에서 指令ᄒ기를 遊覽道次에 地界戸
口之錄去ᄂ 客或無怪어니와 獨島之稱云 日본屬地ᄂ 必無其理니 今

울도군수 심흥택씨가 내부에 보고하되, "일본 관원 일행이 본군에 와서, 본군 소재 獨島를 일본의 속지(屬地)라 자칭하고 땅의 크기와 호구의 결총(結總)을 일일이 적어 갔다"고 하자, 내부에서 지령하기를, "유람하는 길에 지계와 호구를 기록해 가는 것은 피이할 게 없지만 獨島라 칭하고 일본 속지라고 한 것은 결코 그럴 이치가 없는 것이니 이번 보고는 매우 놀랍다"고 하였다고 한다.

(2) 제국신문(帝國新聞, 1906.5.1.)

日人無口 (口는 미상)[34]

울도군수 심흥택 씨가 내부에 보고하기를, "일본 관인 일행이 본군에 와서 호구와 토지를 조사하며 말하기를, '울도를 일본이 점령했으므로 조사한다'고 했다"고 하므로 내부에서 훈령하기를, "일인이 호구를 조사하는 것은 이상할 것이 없지만 점령했다는 말은 근거가 없는 일이니 서로 다투게 되거든 일본 이사와 교섭해서 처리하라"고 하였다 한다.

此所報가 甚涉訝然이라ᄒ얏더라."

34 원문은 다음과 같다.
"울도군슈 심흥택 씨가 니부에 보고ᄒ기를 일본 관인 일행이 본군에 래도하야 호구와 토디를 됴사ᄒ며 말ᄒ기를 울도는 일본에서 졈령한고로 됴샤한다한지라 니부에서 훈령ᄒ기를 일인이 호구됴샤는 용혹무괴한일이어니와 졈령ᄒ엿다는 말은 무거한일이니 쟁이상지ᄒ거든 일본리사에게 교섭ᄒ야 처단ᄒ라ᄒ엿다더라."

자료 13 황성신문(1906.5.9.)

(3) 황성신문(皇城新聞, 1906.5.9.)

울쉬보고너부(鬱倅報告內部: 울도군수가 너부에 보고하다)[35]

울도군수 심흥택 씨가 너부(內部)에 보고하되,

"본군 소속 獨島가 바깥바다 뻭여 리 밖에 있는데, 이 달 4일에 일본 관인(官人) 일행이 관사(官舍)에 와서 말하기를, '獨島가 지금 일본 영지가 되었으므로 시찰차 왔다'고 하였습니다. 그 일행은 일본 시마네현 오키 도사 히가시 분스케 및 사무관 진자이 요시타로, 세무감독국장 요시다 헤이고, 분서장 경부 가게야마 간하치로, 순사 1

---

[35] 원문은 다음과 같다.

"鬱郡守 沈興澤氏가 內部에 報告ᄒ되 本郡所屬獨島가 在於外洋百餘里外인ᄃ 本月四日에 日本官人一行이 來到官舍ᄒ와 自云 獨島가 今爲日本領地 故로 視察次來到이다 이온바 其一行 則日本 島根縣 隱岐島司 東文輔 及事務官 神西由太郎과 稅務監督局長 吉田平吾 分署長 警部 影山岩八郎과 巡査一人 會議一人 醫師技手 各一人 其外隨員十餘人인ᄃ 戶摠人口와 土地生産多少와 且問人員及經費幾許와 諸般事務를 調査錄去ᄒ얏다더라"

인, 의원(議員) 1인, 의사와 기수(技手) 각 1인, 그 밖에 수행원 10여 인인데, 호수와 인구 및 토지 생산의 다소, 그리고 인원 및 경비가 어느 정도인지 제반 사무를 묻고 조사하여 적어갔습니다."라고 하였다.

(4) 오하기문(梧下記聞, 1906.)[36]

울릉도 백 리 밖에 하나의 속도(屬島)가 있는데 獨島라고 한다. 왜인들이 이제 일본 영지가 되었다며 자세히 조사해 갔다.

(5) 매천야록(梅泉野錄, 1906.4.5.)[37]

울릉도에서 바다 동쪽 백 리 떨어진 곳에 섬 하나가 있는데 獨島라고 한다. 옛날에는 울릉도에 속했었다. 왜인들이 자기네 영지라고 억지를 쓰며 자세히 조사해 갔다.

일본의 獨島 편입을 거의 모든 언론이 보도하고 있다. 그리고 이 보도는 군수가 내부에 보고한 사실에 의거한 것으로 참정대신의 지령이 나오기 전의 일이

---

36 《오하기문》은 《매천야록》의 대본이라고 추정되는 만큼 두 문헌의 기술은 유사하지만 약간 다르다. 원문은 김병렬, 《독도: 독도자료 총람》, 다다미디어, 1998, 223쪽에서 인용했다.
　"鬱陵島百里外 有一屬島 曰獨島 倭人稱今爲日本領地 審査以去"
37 "距鬱陵島洋東百里 有一島 曰獨島 舊屬鬱陵島 倭人勒稱其領地 審査以去"

다. 전라도 구례에 칩거해 있던 지식인도 일본의 억지를 논하며 기록했다. 더욱이 강원도관찰사의 보고를 받은 참정대신은 일본의 영토 편입은 전혀 근거가 없다고 더 강한 어조로 비판했다. 통감부 체제에 놓여 있던 상황에서 이렇듯 온 나라가 아연실색한 반응를 보이고 있는데, 어떤 행태를 보였어야 논자는 거국적 항의라고 하겠는가?

군수의 보고만으로도 내부는 "獨島라 칭하고 일본 속지라고 한 것은 결코 그럴 이치가 없는 것이니 이번 보고는 매우 놀랍다."[38]는 반응을 보였다. 그리고 군수로 하여금 통감부 이사청의 이사와 교섭하도록 훈령했다. 군수가 통감부의 지방기구인 이사청의 이사와 교섭하려 했다 한들 이사청이 접수했을지는 의문이다. 설령 접수했다고 하더라도 이사청이 본국 의사에 반하여 처리했을지도 의문이다.

논자에 따르면, 독도에 대한 한국인의 인지와 영유의식이 생기는 것은 1904년 즈음부터라고 할 수 있지만 그것도 1906년까지는 울도군의 주민사회라는 아주 제한된 범위에 불과했다고 한다. 그러나 독도가 울도군 주민사회에만 제한적으로 알려진 섬이었다면

<hr />

38 《대한매일신보》 1906년 5월 1일

이렇듯 정부와 언론, 지식인이 하나같이 일본의 불법
성을 비판하지는 않았을 것이다.

제5장
맺음말

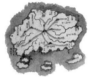

논자가 주장하는 바를 14장을 포함하여 정리하면 다음과 같다. 한국은 우산도를 환상의 섬으로 인식했으며, 칙령 제41호에서 언급한 석도는 독도가 아니며, 독도를 둘러싼 양국의 마찰이 시작된 1947년 당시도 한국은 독도를 제대로 인식하지 못하고 있었다. 독도가 전라도 방언 '독섬'에서 비롯되었다는 억지설은 당시(최남선과 신석호 조사 당시)에는 없다가 1969년 칙령 제41호가 알려진 뒤에 대두했으며, 그렇게 해서 단계적으로 형성된 독도 역사와 이미지는 1965년 한일국교정상화를 앞두고 양국 사이에 있었던 독도 밀약[1]을 김영삼 대통령이 1995년에 독도에 접안시설을 착공함으로써 파기했고, 이 뒤로 여러 가지 상황 변화를 거쳐 연구의 증폭을 가져와 2005년 무렵이면 독도

---

[1] 한일기본조약이 맺어지기에 앞서 이뤄진 밀약에는 한국이 점거한 현상을 유지하여 경비원을 증강하거나 새로운 시설의 건축이나 증축을 해서는 안 된다는 내용이 있었는데, 김영삼 대통령이 접안시설을 함으로써 깼다는 것이다. 그러나 양국은 밀약의 존재를 공식적으로 언급한 바가 없다.

에 대한 일종의 토테미즘이 문화계의 일각으로 자리 잡았다는 것이다.

위와 같은 논지를 펴기 위해 논자는 자신의 주장을 뒷받침하는 데 유리한 사료를 위주로 발췌·제시하고, 우리에게 불리하다고 생각하는 사료를 반복적으로 제시하는 논증 방식을 취했다. 일본 측에 불리하다고 생각하는 자료는 거의 언급하지 않았다. 유일하게 태정관 지령을 언급한 것은 전작에 대한 비판에서 이에 대한 지적이 잇따랐기 때문이다.

논자가 제시한 고지도와 문헌은 매우 한정된 것이어서 많은 일차 사료와 선행연구를 섭렵해서 논증해야 하는 학자로서의 역할에 충실했다고 보기에 미흡하다. 논자는 사람들이 자신을 일러 일본의 주장을 맹목적으로 추종한다고 매도하지만 자신은 그런 설을 주장하는 일본인 연구자를 알지 못한다고 했다. 일본이라는 상대가 있는 주제를 연구하면서 일본인 연구자의 성과를 모른다는 사실을 떳떳이 말하는 것은 만용에 가깝다. 논자가 많이 참고했다고 언급한 일본인 연구자는 이케우치 사토시(池內 敏)가 유일하다. 논자는 이케우치가 일본이 1905년 '무주지 선점의 원칙'에 따라 독도를 자국 영토로 편입한 것이 정당한가라고 자국민에게 묻고 있다는 사실을 평가하고 있지만, 과연 논자가 이케우치의 인식을 올바로 이해했는지도 의문이다. 최근 이케우치는 자신의 입장을 바꾸어 "돌섬(石島) – 독섬(石島/独島) – 독도(独島)라는 음운音韻 변화설이 객관적이고 문헌적인 방증이 된다."²고 했다. 또한 이케우치는 조선사연구회 2017년 5월의 월례회에서 "칙령 제41호의 石島는 어느 섬일 가능성이 가장 큽니까?"라는 질문에 대하여 "그렇게 질문을 받으면 칙령의 石島는 다케시마=독도라고 대답하지 않을 수 없다."³고 답한 바 있다. 이케우치도 石島가 독도임을 인정하고 있는데 논자는 이런 이케우치의 의도를 달리 이해하고 있는 듯하다.

논자는 자신의 주장을 뒷받침하기 위해서는 주장하는 바의 맥락에 맞지 않는 자료임에도 불필요하게 삽입하거나 중복 설명하고 있다. 또한 본인의 인식 범위 안에서 논지를 개진하느라 사실관계가 맞지 않음에도 억지로 논리를 엮고 있다. 논자는 독도가 전라

---

2 池內敏, 《日本人の朝鮮觀はいかに形成されたか》, 講談社, 2017, 242쪽; 池內敏, 〈竹島(獨島)の活用實態と領有權〉, 《獨島研究》 23호, 2017, 영남대학교 독도연구소, 278쪽.

3 朴炳涉, "池內敏著《竹島もうひとつの日韓關係史》", 《朝鮮史研究會會報》, 209호, 2017, 23–24쪽: 박병섭, 〈한·일 양국의 독도/竹島 고유영토론의 쟁점〉, 《독도연구》 25호, 2018, 영남대학교 독도연구소, 87쪽.

도 방언 독섬에서 왔다는 설이 대두한 시기가 1969
년 칙령 제41호가 알려진 뒤라고 한다. 이런 주장이
야말로 논자의 빈약한 지식을 보여 주는 사례 가운데
하나이다. 국어학자 방종현은 1947년 당시 칙령 제41
호의 존재를 전혀 모르던 상태에서 獨島를 보자마자
독섬과 石島를 언급했고, 독섬이 전라도 방언에서 연
유한다는 사실을 언급한 바 있다. 국어학자 이숭녕도
독도를 일러 '〈독섬〉(石島)'으로 칭했다. 돌을 방언으
로 '독'으로 칭한다는 사실은 일제강점기에 일본인 오
구라 신페이가 조사하여 밝혀낸 사실이다. 오구라는
1911년에 한국에 온 이래 조선총독부와 경성제국대
학에 근무하는 틈틈이 20년 넘게 조선 각지의 방언
을 조사한 사람이다. 그는 울릉도 도동도 조사한 바
있다. 1930년대에서 1940년대에 걸쳐 조선어를 조사
하여 간행한 사전에도 '독: 돌의 사투리. 石'이라고
명기하고, '돌'의 시골말이 '독(石)'이라고 명기했다.[4]
일제강점기 내내 울릉도에 살았던 오쿠무라 아키라조
차 일본인이 獨島를 '랑코 도'라 칭할 때 한국인은 '독
섬'으로 칭했다고 증언한 바 있다. 1950년대에도 언론
을 포함한 한국 사회 전반이 독섬·石島·獨島가 관련

---

[4] 《조선어 사전》(1938); 《朝鮮말地名》(조선어학회, 1940년대)

있음을 언급하고 있었고, 울릉 주민들도 '독섬'으로 부르고 있었다.

이렇듯 獨島는 개척을 전후하여 줄곧 '독섬'으로 일컬어졌고, 이 호칭은 주민에게 전승되었을 뿐만 아니라 한국 사회 전반에 보급되어 있었다. 이런 정황은 1900년으로 거슬러 올라가 칙령 제41호 제정 당시 '독섬'을 왜 '石島'로 표기하게 되었는지를 설명하기에 충분하다. 한국인은 칙령 제41호의 내용이 알려지기 전부터 獨島를 '독섬'으로 부르고 있었고, 칙령과 무관하게 독섬이 '石島'에서 온 것이라고 주장하고 있었다. 이런 사실에 의심을 품은 자는 아무도 없었다.

그러다가 칙령 제41호의 구체적인 내용[5]이 알려지면서 1960년대 후반 법학자 이한기가 처음으로 칙령

---

5 1901년에 도장을 군수로 승격했다는 사실을 가장 먼저 언급한 자는 신석호(1948)지만 칙령 제41호를 직접 거론하지는 않았다. 1900년 '칙령'을 언급한 자는 최남선(1953)이지만, 石島를 언급하지 않았고, 따라서 石島를 독도 영유권과 연관 짓지도 않았다. 칙령 제41호의 石島를 독도 영유권과 처음으로 연관지은 자는 법학자 이한기이다. 그는 1968년 〈국제분쟁과 재판〉이라는 논문에서 "미발표 자료"라며 칙령 제41호를 소개했고, 《한국의 영토》(1969)에서 다시 논했다. 1977년 홍종인의 《주간조선》 인터뷰에 따르면, 1966년 당시 한양대 이종복 교수가 1900년 10월 27일자 관보에 실린 칙령 제41호를 공개했다고 한다. 이종복과 이한기가 밝힌 출전이 다르므로 각자 별도로 발굴한 듯하다.

제41호의 石島를 세상에 소개했고 이 석도를 독도 영유권과 결부시켰다. 그는 "울릉도 개척이 시작되던 당시부터는 그 섬이 오늘날과 같이 독도라고 호칭되어 왔다. 독섬이라는 우리말을 한자로 표현하여 獨島 또는 石島라고 한 것 같다."[6]라고 했다. 그가 1947년 방종현의 글을 보았을 리도 없다. 그럼에도 그가 이렇게 인식했음은 당시 石島·獨島가 '독섬'에서 온 지명이라는 사실이 널리 만연해 있었음을 의미한다. 독섬·石島·獨島 명칭이 같은 어원에서 왔다는 인식이 1960년대 후반까지도 지속되고 있었던 것이다.

논자는 최남선과 신석호가 '독섬'의 '독'을 각기 다르게 해석한 용례를 들어 독도를 독섬과 연결 지은 설을 억지설이라고 비판하지만, 역사학자의 언어학적 지식이 국어학자의 지식을 능가할 수 있는 것은 아니다. 지명 유래에 관해서는 고로(古老)의 증언이 더 사실적일 수 있다. 언어학자는 이들을 수집하여 체계적으로 설명할 뿐이다. 그러나 고로의 증언이라고 해서 다 믿을 수 있는 것도 아니다. 그들도 구전된 것을 듣고 이를 다시 전하는 자들에 불과하기 때문이다. 전승되는 과정에서 와전될 수 있으므로 구전된 지명이

---

6 이한기,《한국의 영토》, 서울대학교출판부, 1969, 250쪽.

최초의 유래를 그대로 계승한 것인지는 따져보아야 할 문제다. 따라서 지명의 유래와 어원을 제대로 파악하려면, 관련된 고문헌과 지도 등을 함께 검토해서 그 추이를 밝혀야 한다.

우리 문헌에서 오늘날의 독도를 가리키는 한자 표기는 여러 가지였다. 가장 먼저 于山島가 보였고, 그 다음 石島가 보였다. 오늘날 정착한 것은 獨島이다. 그러나 독도의 실제 호칭, 곧 불리던 호칭은 '독섬'이었다. 문헌에 표기될 때의 호칭은 여러 가지가 공존했다. 1900년에는 石島가, 1904년에는 獨島가 공문서에 보였지만, 1899년 황성신문은 于山島로, 1903년에는 于山嶋[7]로 칭했다. 1904년 일본 군함은 울릉도의 한국인들이 '獨島'라고 쓸 때 일본인들은 '리양코 도'라고 불렀음을 기록했다. 1906년 제국신문과 대한매

---

[7] 기사(〈鬱島沿革始末〉, 12.10) 가운데 "往在丁丑에 倭人이 來請此嶋 故로 朝家ㅣ 特送張漢相ᄒᆞ야 圖形以來ᄒᆞ니 盖地廣土沃에 有人居舊址ᄒᆞ고 其西에 又有于山嶋ᄒᆞ야 亦甚廣濶 故로 朝家遂定三年一捜之法하야 至今遵行이라 한다"는 내용이 있다. 이 내용은 본래 1735년 김취로의 발언이 실린 《승정원일기》(1735.1.19.)에 있던 것이다. 그런데 김취로가 인용한 장한상은 우산도를 직접 언급한 적이 없다. 따라서 김취로가 우산도를 거론했다는 것은 당시 우산도가 조정 대신들에게 알려져 있었음을 의미한다. 여기서 말한 "울릉도 서쪽의 우산도" 운운은 뒤에 김정호가 다시 인용했다.

일신보, 황성신문(5.9)은 獨島로 칭했다. 같은 해에 황성신문(7.13)은 石島[8]로 인용·보도했다. 1908년 《증보문헌비고》에서는 다시 '우산도(于山島, 芋山島)'로 기술했다. 1908년이라면 이미 독도 명칭이 정착하고 있을 즈음이다. 그럼에도 《증보문헌비고》 편찬자는 '우산도'로 기술했다. 이런 기술은 《동국문헌비고》에 기술된 '우산도' 인식을 계승하는 것과 1908년 당시에 정착한 '獨島' 인식이 맞지 않는다고 여기지 않았기 때문이다.

이렇듯 石島-獨島 명칭이 생성된 시기를 전후해서도 독도를 가리키는 명칭은 매우 다양했다. 그럼에도 근대 이후 부르던 호칭은 주로 '독섬'뿐이었다. 이는 일제강점기에도 마찬가지였다. 해방 전후로도 한국인들은 '독섬'으로 불렀다. 1960년대까지도 울릉 주민과 언론 모두 '독섬'을 더 많이 사용했다. 그리고 '독섬'을 독도가 아닌 다른 섬의 호칭으로 인식한 경우는 일절 없었다.

이를 종합하면, '우산도' 명칭이 문헌을 통해 계승

---

8 '石島' 운운한 것을 신문이 인용·보도한 것은 통감부가 1900년에 설치된 울도군의 소속 도서에 관해 질의했으므로 내부가 칙령 제41호에 명기된 대로 '石島'라고 답한 사실을 알린 것이다.

된 것이라면, '石島·獨島' 명칭은 실견(實見)을 통해 형성·계승된 것이라고 할 수 있다. '石島·獨島' 명칭은 근대기에 형성된 것인데 여기에 과거 문헌을 통해 전승되어 오던 '우산도' 인식이 섞인 데다 일본에서 전도된 다케시마·마쓰시마 명칭과 서양 명칭(리양코도)이 유입됨으로써 더욱더 혼란스러워졌다. 그리하여 우산도(于山島·芋山島)·독섬·石島·獨島 명칭이 함께 섞여 있게 되었다. 그럼에도 그것이 가리키는 바에서 우리가 혼란을 겪은 적은 없었다. 이는 '우산도'에 대한 인식이 기저 인식으로 내재된 상태에서 새로 등장한 石島·獨島 호칭과 무리 없이 융합하고 있었음을 의미한다. 논자가 칙령 제41호의 石島가 獨島임을 부정하기 위해 애쓰는 것은 그만큼 칙령 제41호가 독도 영유권 입증에 유리한 사료임을 방증한다. 거듭 말하지만, 우리는 칙령 제41호의 존재를 모를 때부터 獨島가 독섬·石島에서 유래한 것으로 인식하고 있었다. 이는 엄연한 사실이다. 그럼에도 논자가 石島가 獨島로 바뀐 이유를 설명하라거나, 石島와 獨島는 그 뜻이 같지 않으니 칙령의 石島는 獨島가 될 수 없다고 주장하는 것은 그야말로 억지 주장에 불과하다.

별표 1 《한국지명총람》 우리말 이름의 첫 번째 한자 표기에 나오는 獨의 사례

위치				불리던 이름	한자 표기	한자 소리	뜻	소리	미상
市道	市.郡.區	面	洞里						
강원	명주군	구정면	어단리	독바우	獨岩	독암		○	
	삼척군	도계면	신기리	동무산	獨妙山	독묘산		○	
	양양군	서면	영덕리	독조암	獨坐岩	독좌암		○	
		양양읍	조산리	딴섬	獨島	독도	○		
	원성군	소초면	교향리	독점	獨店	독점		○	
	춘성군	서면	덕두원리	독가맛골	獨柯洞	독가동		○	
	평창군	대화면	개수리	외솔배기	獨松亭	독송정	○		
	홍천군	남면	화전리	독장골	獨長谷	독장곡		○	
경기	광주군	오포면	매산리	땀미	獨山	독산	○		
	김포군	검단면	당하리	독젱이	獨亭,篤亭	독정		○	
		김포읍	걸포리	오염	獨島,孤島	독도,고도	○		
		월곶면	개곡리	독굴	獨谷	독곡		○	
		하성면	시암리	독용말	獨龍洞	독용동		○	
	송탄시	독곡동		외재울	獨谷	독곡	○		
	시흥군	의왕읍	청계리	독정이	獨亭里	독정리		○	
	안성군	서운면	송정리	독징이	獨亭	독정		○	
	여주군	흥천면	다대리	독보들	獨洑들	독보들		○	
	용인군	모현면	왕산리	땀미	獨山	독산	○		
	포천군	군내면	유교리	독보	獨洑	독보		○	
		신북면	기지리	독골	獨谷	독곡		○	
		영중면	양문리	독글·돌글	獨訖	독흘		○	
	화성군	팔탄면	창곡리	독골	獨谷	독곡		○	
경남	고성군	고성읍	월평리	독번덕	獨蕃坪	독번평		○	
		동해면	장좌리	외배미	獨野	독야	○		

		하일면	오방리	똥매	獨山	독산		○	
김해군	생림면	도요리	독메	獨山	독산		○		
		생림리	독점	獨占	독점		○		
남해군	창선면	동대리	독뫼	獨山	독산		○		
		수산리	독망골내	獨亡	독망		○		
마산시		연덕동	독메	獨山	독산		○		
사천군	곤명면	은사리	독뫼동	獨山洞	독산동		○		
산청군	생비량면	도전리	독뫼.똥매	獨山	독산		○		
	생초면	상촌리	덱기불	獨釣山	독조산		○		
의령군	가례면	양성리	똥매봉	獨山峯	독산봉		○		
진양군	미천면	효자리	독점	獨占	독점		○		
	사봉면	봉곡리	댓기	獨溪	독계		○		
	수곡면	사곡리	독맷둑	獨山	독산		○		
의창군	동면	봉강리	똥매	獨山	독산		○		
진해시		덕산동	독뫼	獨山	독산		○		
창령군	부곡면	부곡리	독미	獨山	독산		○		
통영군	한산면	창좌리	도간바우	獨岩	독암		○		
하동군	청암면	상리리	동메	獨山	독산		○		
함양군	안의면	신안리	독뫼	獨山	독산		○		
	지곡면	보산리	동뫼	獨山	독산		○		
합천군	쌍백면	평구리	독골	獨谷	독곡		○		
경북	경산군	고산면	신매동	뒤기못	獨仁池	독인지		○	
		남산면	조곡동	독자골	獨子골	독자골		○	
		용성면	매남동	독골	獨谷	독곡		○	
	경주시		황성동	동매	獨山	독산		○	
	고령군	운수면	법동	독점내	獨店川	독점천		○	

군위군	의흥면	읍내동	독지바위	獨花岩	독화암		○	
금릉군	감문면	삼성동	독보	獨洑	독보		○	
	증산면	평촌리	땅봉	獨坪	독평	○		
		황정리	동내뜸	獨山	독산		○	
달성군	구지면	화산동	똥미산	獨山	독산		○	
	월배면	송현동	똥뫼	獨山	독산		○	
대구시	동구	봉무동	도개미	獨岩	독암		○	
봉화군	춘양면	서벽리	독묘산	獨山	독산		○	
상주군	내서면	서원리	독골	獨谷	독곡		○	
	이안면	문창리	독미안	獨美洞	독미동		○	
성주군	가천면	신계동	뒷미골	獨山	독산		○	
	선남면	관화동	독뫼	獨山	독산		○	
안동군	풍산읍	계평리	독지골	獨池谷	독지곡		○	
영덕군	강구면	소월리	동미	獨山	독산		○	
	남정면	도천리	덕짓골	獨自谷	독자곡		○	
	창수면	신기리	독작골	獨曹谷	독조곡		○	
영일군	송라면	방석리	딴돌	獨石	독석	○		
	신광면	사정리	독매산	獨山	독산		○	
	지행면	임중리	독미	獨山	독산		○	
영주군	단산면	사천리	독뫼	獨山	독산		○	
영천군	영천읍	채신리	독조골못	獨造堤	독조제		○	
	화산면	가상리	독조골	獨造谷	독조곡		○	
예천군	유천면	고산리	오미	獨山	독산	○		
울진군	온정면	선구리	독실	獨實	독실		○	
		왼선미리	딴산	獨山	독산	○		
	울진읍	읍남리	똑둣골	獨頭谷	독두곡		○	

	월성군	양북면	봉길리	똑바위	獨岩	독암		○	
		외동면	괘릉리	독골	獨谷	독곡		○	
	청송군	부동면	나리	독메	獨山	독산		○	
		파천면	중평리	딴봉	獨峯	독봉	○		
서울	동대문구		이문동	도끼말	獨基村	독기촌		○	
	종로구		연건동	도깨비고개	獨甲峴	독갑현		○	
인천	남구	서창동		독골	獨谷	독곡		○	
전남	고흥군	과역면	연등리	독대	獨垈	독대		○	
		금산면	오천리	독섬	獨島	독도		○	
	곡성군	죽곡면	화양리	독보	獨洑	독보		○	
	광산군	본량면	북산리	독골	獨谷	독곡		○	
	광양군	골약면	태인리	넉섬	獨島	독도			○
	담양군	남면	정곡리	윗보	獨洑	독보	○		
	신안군	비금면	수치리	독섬	獨島	독도		○	
	화순군	도곡면	신덕리	외보	獨洑	독보	○	○	
		도암면	도장리	독보	獨洑	독보		○	
			벽지리	독보	獨洑	독보		○	
		동면	천덕리	독보	獨洑	독보		○	
		동복면	독상리	옥앞	獨上	독상			○
		이서면	야사리	독보	獨洑	독보		○	
제주	북제주군	구좌읍	연평리	독진포	獨津浦	독진포		○	
		한림읍	옹포리	독개	獨浦	독포		○	
	제주시		해안동	도감내	獨近川	독근천		○	
전북	고창군	공음면	석교리	독지샘	獨泉	독천		○	
			장곡리	독지샘	獨井	독정		○	
		심원면	고전리	떡적골	獨自골	독자골		○	
	남원군	대산면	풍촌리	독매	獨山	독산		○	

	무주군	산천		독뫼산	獨慕山	독모산		○	
	완주군	고산면	소향리	독서골	獨首谷	독수곡	○	
		구이면	석구리	독정	獨井	독정	○	
			용복리	독배	獨排	독배	○	
		이서면	원동리	되끼거리	獨井峴	독정현	○	
	익산군	여산면	원수리	독저골	獨笛	독적	○	
	임실군	임실읍	이인리	독점	獨山	독산	○	
	진안군	백운면	백암리	독진바위	獨陳岩	독진암	○	
충남	공주시	우성면	단지리	독정이고개	獨情峙	독정치	○	
			안양리	도가니	獨安	독안	○	
		의당면	월곡리	독정이	獨亭	독정	○	
	논산시	광석면	왕전리	통미	獨山	독산	○	
	당진군	우강면	대포리	독원	獨元	독원	○	
		합덕면	신흥리	독개	獨浦	독포	○	
	보령군	웅천면	독산리	홀미.홀뫼	獨山	독산	○	
	서산군	고북면	신상리	독지	獨只	독지	○	
		대산면	독곶리	독곶	獨串	독곶	○	
	아산군	염티면	동정리	독정이	獨井	독정	○	
	연기군	남면	월산리	독정이	獨亭	독정	○	
	천원군	입장면	독정리	독정이	獨井	독정	○	
		직산면	마정리	덕정이	獨井里	독정리	○	
	청양군	대티면	오룡리	독구실	獨古室	독고실	○	
			주정리	독정이	獨亭	독정	○	
		청남면	왕진리	독정이나루	獨亭나루	독정나루	○	
	홍성군	구항면	남산리	독젱이	獨亭.石亭	독정	○	
		금마면	장성리	독귀미	獨貴美	독귀미	○	
충북	괴산군	장연면	추점리	독점동	獨店洞	독점동	○	
	보은군	보은면	강신리	동매	獨山	독산	○	

	제천군	송학면	송한리	독종말	獨亭村	독정촌		○	
	중원군	동량면	손동	독지	獨知	독지		○	
합계					133		15	116	2
(%)					(100.0)		(11.3)	(87.2)	(1.5)

별표 2 《한국지명총람》의 우리말 지명에 '돌(石)'의 의미로 사용된 '독' 사례

위치				불리던 이름	한자	설명
市道	市.郡.區	洞.面	里			
강원	홍천군	남면	시동리	독버루		돌버루라고도 함.
경기	강화군	교동면	고구리	독고개	石峴	돌이 있었음.
		양사면	인화리	독논		돌이 있음.
	고양군	일산읍	산황리	독고지		돌의 곶으로 됨.
	안성군	안성읍	도기동	독머리	石頭	큰 돌이 박혀 있어 붙은 이름.
	여주군	금사면	주록리	독부리산		돌이 많음.
		흥천면	문장리	독지레		연자방아의 돌이 많이 났음.
	파주군	탄현면	낙하리	독우물		돌 틈에서 물이 나옴.
	포천군	영중면	양문리	독글·돌글	獨訖	돌골.
	화성군	송산면	독지리	독내·돌내	石川	돌이 많은 내가 있음.
경남	거창군	주상면	연교리	독다리		넓고 큰 돌로써 잇대어 놓았음.
	산청군	금서면	주상리	독다리	石橋	큰 돌로 놓은 다리.
		생초면	평촌리	독배기양지		양지쪽에 돌이 많이 있다 함.
		차황면	양곡리	독배미		돌이 있음.
	울주군	두서면	복안리	독잣골		바위가 많음.
	진양군	금산면	장사리	독다리		돌다리가 있음.
	하동군	양보면	통정리	독배기		논 가운데 돌이 박혀 있음.
	함양군	백전면	평정리	독마니		돌 너설.
		안의면	초동리	독다리		큰 돌로 만든 다리.
	합천군	봉산면	노곡리	독배기보		돌이 박혀 있음.
경북	경산군	하양읍	대곡동	독지미		돌이 많다 함.
	달성군	구지면	대암동	독골		돌산이 있음.
	문경군	문경읍	각서리	독밭골		돌이 많음.
			진안리	독밭골		돌이 많음.

		산북면	약석리	독다리		징검다리.
	봉화군	춘양면	애당리	독섬배기		돌이 박혀서 섬처럼 되었음.
	안동군	와룡면	감애리	독산		돌로 되었음.
		임하면	노산리	독산	石山	돌산.
	월성군	산천		독거랑		돌이 많았음.
		양남면	화서리	독짓골		돌이 많음.
	청송군	청송읍	월막리	독보		돌로 쌓았음.
서울	성동구		도곡동	독부리.독구리		돌이 많이 박혀 있음.
인천	북구		석남동	독굴	石洞	
	남구		만수동	독골		돌이 많음.
전남	강진군	강진읍	남포리	독샘		둘레를 독(돌)으로 쌓았음.
			덕남리	독새들		독(돌)이 많이 있음.
			춘전리	독보		돌로 막았음.
		군동면	석교리	독다리	石橋	돌다리
			쌍덕리	독샘		돌 틈에서 물이 남.
		도암면	덕년리	독박굴		돌이 많음.
				독배깃들		돌이 많음.
			덕서리	독등		돌이 많음.
			만덕리	독골		독(돌)이 많음.
				독절골		돌이 많음.
			신기리	독배기잔등		돌이 박혀 있음.
			용화리	독배기	石田坪	돌이 많음.
			용흥리	독다리		돌다리.
		성전면	성전리	독배기		돌이 많았음.
		작천면	갈동리	독보		돌로 막았음.
			삼당리	독바지		돌이 많음.
		칠량면	단월리	독다리		돌이 많음.
			송로리	독깐		돌이 많음.

			송정리	독골		돌이 많음.
			흥학리	독골		돌이 많음.
고흥군	과역면	도천리	독샘		바위 틈에서 물이 나옴.
			연등리	독섬		돌이 많음.
	금산면	오천리	독섬	獨島	모녀도 동남쪽에 있는 바위 섬.
	도양면	오마리	독끝		큰동네 동쪽 끝에 있는 바위 등성이.
			독산		돌이 많음.
	도화면	신호리	독골		독(돌)이 많음.
		지죽리	독섬		
	동강면	장덕리	독섬		독(돌)이 많음.
	봉래면	사양리	독섬		독(돌)으로 되었음.
	포두면	남촌리	독바둘		독(돌)이 많음.
곡성군	겸면	남양리	독보		돌로 쌓았음.
	삼기면	원등리	독시암		돌 틈에서 물이 나와 핌
	옥과면	율사리	독배기		독(돌)이 박혀 있음.
	입면	대장리	독사리		독(돌)이 많음.
	죽곡면	봉정리	독밧골		돌이 많음.
광산군	동곡면	용봉리	독배기		독(돌)이 박혀 있음.
	본량면	지산리	독배기		큰 돌이 박혀 있음.
	비아면	월계리	독시암		독(돌) 사이에 있음.
	삼도면	양동리	독바우	石岩	근처에 독(돌)과 바위가 많음.
	서창면	매월리	독배미		돌이 많이 있음.
	임곡면	광산리	독골	石洞	
	하남면	월곡리	독산배미		독(돌) 틈에서 물이 나는 샘이 있음.
		진곡리	독시암		밑바닥에 독(돌)이 깔려 있임.
광양군	골약면	중동리	독재		독(돌)이 많음.
	광양읍	사곡리	독샘이		물이 독(돌) 틈에서 새어 나옴.

		익신리	독새미		물이 독(돌) 틈에서 새어 나옴.
광주시	동구	용연동	독구댕이		돌을 캐냈음.
	북구	두암동	독시암		독(돌) 틈에서 물이 새어 나옴.
		일곡동	독시암		독(돌) 틈에서 물이 새어 나옴.
	서구	유촌동	독배기		수살(水殺)로 세운 돌이 있었음.
구례군	광의면	지천리	독배기둠벙		큰 독(돌)이 있는 둠벙이었음.
	구례읍	봉남리	독배기		큰 독(돌)이 박혀 있음.
	마산면	냉천리	독다리	石橋	독(돌)으로 놓은 다리가 있음.
	문척면	월전리	독밧골		독(돌)이 많음.
	토지면	금내리	독배기		큰 독(돌)이 박혔음.
		용두리	독새미		독(돌) 사이에서 물이 새어나옴.
나주군	문평면	대도리	독골		바위가 많음.
		학교리	독다리	石橋	
	반남면	신촌리	독보		돌로 막았다 함.
		청송리	독굴		돌이 많음.
		하촌리	독잣굴		돌과 자갈이 많음.
	봉황면	옥산리	독시암		바위 틈에서 물이 솟아남.
	왕곡면	송죽리	독배기		바위 셋이 박혀 있음.
		양산리	독샘		독(돌) 틈에서 물이 나옴.
		월천리	독배기		바위가 박혀 있음.
담양군	고서면	금현리	독징이		돌이 박혀 있음.
		산덕리	독배기		독(돌)이 박혀 있음.
	금성면	봉서리	독섬		돌로 이루어졌음.
			독숨밎거리		큰 돌이 숨어 있다 함.
	남면	외동리	독재		돌이 많음.

			풍암리	독보		돌로 막은 보.
		대덕면	매산리	독시암		돌 틈에서 물이 남.
		무정면	오봉리	독배기		돌이 박혀 있음.
		봉산면	유산리	독백걸		돌이 박혀 있음.
		월산면	중월리	똑다리		돌다리.
		창평면	용수리	독떼바우		작은 돌이 모여 바위가 되었음.
			일산리	독개재		돌이 많음.
목포시			눌도동	똑바우	石岩	독바우.
			산정동	독산	石山	
			석현동	독갓재	石峴	
무안군	삼향면		왕산리	독매	石山	독(돌)이 많음.
	청계면		남성리	독배기		돌이 박혀 있다 함.
			월선리	독골	石谷	
보성군	겸백면		남양리	독시샘		독(돌) 틈에서 물이 남.
	노동면		광곡리	독보		근처에 돌이 많음.
			대련리	독보		독(돌)이 많음.
	득량면		송곡리	독보		돌이 많음.
			정흥리	독다리	石橋	돌다리.
	문덕면		구산리	독배기		큰 독(돌)이 박혀 있음.
	벌교읍		장양리	독배기		큰 돌이 박혀 있음.
			지동리	독다리	石橋	돌로 놓음.
			칭동리	독정굴		돌이 많음.
	보성읍		옥평리	독보		근처에 독(돌)이 많음.
	북내면		봉천리	독다리		돌다리
				독샘		돌 틈에서 물이 남.

			장천리	독다리		돌로 만들었음.
		웅치면	대산리	독배기		독(돌)이 박혀 있음.
			유산리	독보		근처에 돌이 많음.
		율어면	선암리	독종골		독(돌)이 많음.
			칠음리	독배기		큰 독(돌)이 박혀 있음.
		조성면	구산리	독밧등		고인돌이 있음.
				독보		독(돌) 틈에서 물이 남.
			매현리	독보		근처에 독(돌)이 많음.
		회천면	군농리	독트미	石間	큰 돌 더미가 있음.
			벽교리	독보		보뚝을 돌로 쌓았음.
			화죽리	독골		독(돌)이 많음.
				독배기		큰 독(돌)이 박혀 있음.
승주군	별량면	봉림리		독밭		독(돌)이 많음.
			송기리	독배기		큰 독(돌)이 박혀 있음.
			죽산리	독배기		큰 독(돌)이 박혀 있음.
		상사면	도월리	독새미		독(돌) 틈에서 물이 새어 나옴.
		서면	구만리	독보		돌로 쌓았음.
			압곡리	독티미		돌이 많음.
		송광면	삼청리	독배기		큰 돌이 박혔음.
		쌍암면	남강리	독배기		큰 독(돌)이 박혀 있음.
			신성리	독배깃재		큰 독(돌)이 박혀 있음.
		외서면	장산리	독보		돌로 짰음.
			화전리	독너실		돌이 많음.
		월동면	망룡리	독배기		큰 독(돌)이 박혀 있음.

		주암면	복다리	독다리		돌다리
			어왕리	독배기		큰 돌이 박혀 있음.
		황전면	대치리	독보		돌틈에서 나오는 물이 수원임
신안군	도초면	죽련리	독만들			독(돌)이 많았음.
	비금면	덕산리	독섬께			돌이 많은 섬이 있었음.
		용소리	독다리께			돌다리가 있었음.
	안좌면	대우리	독고개	石峴		
		탄동리	독골			돌이 많음.
		향목리	독살매	石山		돌산
		한운리	독구갯재			큰 돌이 있음.
	압해면	분매리	독배기			돌이 많이 박혀 있음.
	자은면	면전리	독배미			큰 돌이 있는데, 배를 맸다 함.
	장산면	팽진리	독살매			돌이 많음.
	지도면	태천리	독징이골	석정동		
	하의면	능산리	독배기			큰 바위가 박혀 있음.
		후광리	독새미			돌 틈에서 물이 새어 나옴.
	흑산면	태도리	독기미			큰 돌이 있음.
진도군	군내면	녹진리	독굴			돌굴
	임회면	석교리	독다리	石橋		
	지산면	와우리	독배기			돌이 박혀 있음.
함평군	손불면	동암리	똑다리			돌다리
		북성리	독시암			독(돌)으로 쌓았음.
	신광면	유천리	똘고개			돌이 많음.
	월야면	영월리	독보	石洑		전에 독(돌)으로 짠 보가 있었음.
			독보	石洑		전에 돌로 막았음.
	학교면	고막리	똑다리	石橋		돌다리

해남군	마산면	노하리	독배기		큰 돌이 박혀 있음.
		맹진리	독배기		돌이 박혀 있음.
		상등리	독배기		가운데에 큰 돌이 박혀 있음.
		상등리	독보		가운데에 큰 돌이 박혀 있음.
	문내면	석교리	독다리	石橋	
	북일면	홍촌리	독배기		돌이 박혀 있음.
	산이면	금호리	독섬		돌섬
		덕송리	독배기		큰 돌이 박혀 있음.
		덕호리	독바께		바깥쪽에 돌이 많았음.
		송천리	독다리	石橋	돌다리
	삼산면	상가리	독보		봇둑을 돌로 쌓았음.
		신흥리	독다루		돌다리.
			독사릿밧등		작은 바윗돌이 많음.
		원진리	독보		부근에 돌이 많음.
		충리	독보		돌이 많았음.
	송지면	미야리	독구갯재		돌고개, 석곡.
	옥천면	신계리	독보		부근에 돌이 많음.
		영신리	독생이		돌우물.
		영춘리	독밭골		돌이 많음.
	현산면	읍호리	독다리		돌다리가 있었음.
			독밧재		돌이 많음.
			독선배기		선돌이 있음.
	화산면	가좌리	독배기		돌이 박혀 있음.
			독적막		석관石棺이 있었음.
		방축리	독밧재		돌이 있었음.
		삼마리	독끄테		돌이 많음.

		화원면	산호리	독섬		독(돌)이 많음.
				독족골		독(돌)이 많음.
	화순군	남면	북교리	독다리	石橋	
		도곡면	쌍옥리	독다리	石橋	돌다리가 있음.
		도암면	원천리	독다리		돌다리.
			지월리	독선배미		독(돌)이 서 있음.
		동면	언도리	독선배미		독(돌)이 서 있음.
		동복면	안성리	독재	石峴	
		이서면	야사리	독굴		돌이 많음.
		청풍면	신석리	독재	石峙	돌이 많음.
제주	북제주군	추자면	대서리	독산	石山	돌산.
	제주시		도두동	독대기소		돌이 많음.
			해안동	독숭물		독(돌) 속에서 물이 남.
전북	고창군	고창읍	석교리	독다리	石橋	돌로 된 다리 있음.
		공음면	덕암리	독산		돌이 많음.
			석교리	독다리	石橋	돌로 놓은 다리.
			용수리	독시암	石井	바위 틈에서 물이 새어 나옴.
		태산면	광대리	독보		천연적인 돌 위에 쌓았음.
		무장면	강남리	독산		석산. 돌이 많음.
			신촌리	독골	石洞	
		부안면	선운리	독배미		가운데 큰 돌이 있었음.
			운양리	독부처	石佛	돌부처.
		성내면	산림리	독보		바닥이 바위로 깔려 있는데, 그 위에 보를 쌓았음.
			조동리	독다리		반반한 돌로 됨.
				독밭골	石田	돌이 많음 밭이 있음.

		성송면	계당리	독보		독(돌)으로 된 바닥 위에 보를 쌓았음.
			상금리	독고개	石峴	돌이 많음.
		해리면	왕촌리	독시암		바위 사이에서 물이 새어 나옴.
	김제군	공덕면	저산리	독다리평		돌다리가 있었다 함.
		금산면	원평리	똑뫼		돌뫼.
	남원군	대강면	사석리	독사리	石村	
		산동면	부절리	독다리께		돌다리가 있었음.
		운봉면	용산리	독배기		돌이 많음.
	부안군	동진면	양산리	독다리배미		돌로 된 다리가 놓여 있었음.
		백산면	용계리	독골	石洞	
		부안면	상림리	독다리	石橋	
		산내면	마포리	독섬		돌로 된 작은 섬.
			석포리	독개	石浦	돌이 많은 갯가.
		주산면	백석리	독다리번지		돌로 놓은 다리가 있었음.
		행안면	궁안리	독새암		바위 틈에서 물이 흘러나옴.
			진동리	독다리코		옆에 돌로 놓은 다리가 있었음.
	순창군	동계면	수정리	독매	石山	
		복흥면	석보리	독보	石洑	돌로 막은 보.
			어은리	독다리		돌다리가 있었음.
		인계면	중산리	독배기들		돌이 많이 박혀 있음.
		적성면	괴정리	독집		돌 밑에 집이 있었음.
		풍산면	유정리	독보		돌로 된 보가 옆에 있음.
	옥구군	미성면	비안도	독섬		
	완주군	고산면	성재리	독보	石洑	돌로 막았음.
				독촉골		돌이 많음.
			오산리	독보	石洑	돌로 막았음.

		동상면	신월리	독다리터		전에 돌로 놓은 다리가 있었음.
		봉동면	고천리	독다리	石橋	돌다리.
				독보	石洑	
			구암리	독보	石洑	돌로 쌓았음.
		삼례읍	신탁리	독다리배미		돌다리가 있었음.
		운주면	장선리	독뫼		돌이 많음.
		이서면	반교리	독다리		반석으로 놓은 다리가 있음.
			상개리	독다리논		조그만 돌다리가 있었다 함.
		화산면	운산리	독보	石洑	보 안에 바위가 있음.
			춘산리	독선거리		복판에 큰 돌이 있음.
익산군		여산면	대성리	독바들		돌이 많음.
			두여리	독지등		돌기둥이 있었음.
			제남리	독다리골	石橋	
		춘포면	신동리	독구대기다리		돌이 많음.
임실군		둔남면	오암리	독매		독(돌)으로 된 바위산이 있음.
		삼계면	뇌천리	독보	石洑	
		신평면	대리	독배기		돌이 있었다 함.
		임실읍	신안리	독다리		넓적한 돌다리.
장수군		계남면	호덕리	독매	石山	돌로 된 산.
전주시			인후동	독보	石洑	돌로 보를 쌓았음.
정읍군		감곡면	통석리	독선거리		큰 돌이 있음.
				독정	石亭	돌로 된 정자가 있었다 함.
		덕천면	하학리	독점재	石占峙	돌짐재
		소성면	보화리	독선거리		선돌이 있음.
			용정리	독보		돌로 쌓아 만들었음.
			중광리	독선거리		길 주변에 두 개의 선바위가 있음.

		칠보면	축현리	독점	石井	바위 틈에서 나는 샘물이 있음.
		태인면	박산리	독선거리		정자나무 밑에 비석 등이 있음.
	진안군	마령면	강정리	독바골		바위 둘이 나란히 있음.
			평지리	독다리	石橋	돌다리가 있었음.
		부귀면	두남리	독정이	石亭	크고 넓은 바위가 많음.
		주천면	운봉리	독선거리		근처에 돌이 서 있음.
충남	공주군	정안면	상룡리	독골		돌이 많이 있음.
		탄천면	삼각리	독정이	石亭里	돌샘이 있음.
	논산군	노성면	화곡리	독절골	石積谷	전에 절이 있었음.
		상월면	산성리	독다리	石橋	돌다리
	당진군	당진읍	우두리	독고지		돌이 곶을 이루었음.
		송산면	유곡리	독산		돌이 많음.
		정미면	신시리	독보		돌이 많음.
		합덕면	신흥리	독개	獨浦	돌이 많이 있음.
	대덕군	동면	신촌리	독골		돌이 많음.
			주촌리	독적골		돌이 많이 있음.
		유성면	덕명리	독멩골		돌멩이가 많음.
	보령군	남포면	달산리	독다리		어귀에 조그만 돌다리가 있음.
			옥동리	독골		돌이 많음.
		미산면	삼계리	독뫼		돌이 많이 있음.
	서산군	고북면	신상리	독지	獨只	돌이 있었음.
		성연면	오사리	독너들		돌이 많음.
		안면	승언리	독개	石浦	갯바닥에 큰 돌이 많이 깔려 있음.
		태안면	동문리	독삼		돌 사이에서 물이 나옴.
		해미면	언암리	독샘		돌로 쌓았음.
	예산군	삽교면	삽교리	독절		돌 밑에 지었음.
		응봉면	지석리	독다리		큰 돌로 만들었음.
	청양군	화성면	수정리	독골		돌이 많이 있음.
		화성면	수정리	독고개		독골에서 홍성읍으로 가는 고개.

	홍성군	구항면	남산리	독쟁이	獨亭·石亭	
		구항면	지정리	독샘		돌 사이에서 물이 남.
		금마면	장성리	독귀미	獨貴美	산부리에 돌이 많음.
		은하면	대판리	독샘	石泉	돌 사이에서 물이 나옴.
		장곡면	상송리	독고개		돌이 있음.
		홍동면	금당리	독다리		돌다리.
			신기리	독다리	石橋	보안말과 금당리 사이에 있는 돌다리.
				독샘배미		돌로 된 샘이 있음.
합계				319		

참고문헌

I. 사료

《國朝寶鑑》
《大韓地誌》(1899)
《三國史記》
《世宗實錄》〈地理志〉(1454)
《肅宗實錄》
《承政院日記》
《新增東國輿地勝覽》(1531)
《旅庵全書》(신경준)
《鬱陵島》(박세당)
《蔚陵島事蹟》(장한상, 1694)
《日省錄》
《正祖實錄》
《增補文獻備考》

《大韓每日申報》(1906.5.1.)
《每日申報》(1913.6.22)
《帝國新聞》(1906.5.1.)
《駐韓日本公使館記錄》14권(국사편찬위원회)
《通商彙纂》 제234호(1902.10.16.)
《通商彙纂》 제50호(1905.9.3.)
《皇城新聞》(1899.9.23.; 1906.5.9.; 1906.7.13.)

2. 단행본

김병렬, 《독도:독도자료총람》, 다다미디어, 1998.

대한공론사, 《독도》, 대한공론사, 1965.

서인원, 《조선초기 지리지 연구 −《동국여지승람》을 중심으로》, 혜안, 2002.

송병기, 《울릉도와 독도 그 역사적 검증》, 역사공간, 2010.

외무부, 《독도문제개론》, 1955.

유미림, 《개화기 울릉도·독도 관련 사료 연구》, 한국해양수산개발원(공저), 2008.

유미림, 《〈독도와 울릉도〉 번역 및 해제》, 한국해양수산개발원, 2009.

유미림, 《우리 사료 속의 독도와 울릉도》, 지식산업사, 2013.

유미림, 《1877년 태정관 지령에 관한 연구》, 한국해양수산개발원(공저), 2014.

유미림, 《일본 사료 속의 독도와 울릉도》, 지식산업사, 2015.

유미림, 《팩트체크 독도》, 역사공간, 2018.

이기봉, 《국립중앙도서관 소장 독도관련자료 해제집(고문헌편)》, 국립중앙도서관(본문 작성 및 편집), 2009.

이기봉, 《평민 김정호의 꿈》, 새문사, 2010.

이기봉, 《근대를 들어올린 거인 김정호》, 새문사, 2011.

이기봉, 《조선의 지도 천재들》, 새문사, 2011.

이기봉, 《근대 이행기의 한일 경계와 인식에 대한 연구》, 동북아역사재단(공저), 2012.

이기봉, 《땅과 사람을 담은 우리 옛 지도》, 사계절(어린이용), 2014.

이기봉, 《슬픈 우리 땅이름 −배개에서 독섬까지》, 새문사, 2016.

이기봉, 《우산도는 왜 독도인가》, 소수, 2020.

이영훈 외, 《반일종족주의》, 미래사, 2019

이영훈 외, 《반일종족주의와의 투쟁》, 미래사, 2020

이한기, 《한국의 영토》, 서울대학교출판부, 1969.

이혜은·이형근, 《만은 이규원의 〈울릉도 검찰일기〉》 한국해양수산개발원, 2006.

정병준, 《독도, 1947》, 돌베개, 2010.

해군수로국, 《水路雜誌》 제41호, 1883.

《군함 니타카행동일지(軍艦新高行動日誌)》(1904. 9.24~25)

시마네현, 《昭和28年度 涉外關係綴》

시마네현, 《竹嶋貸下海驢漁業書類》

시마네현, 《〈秘〉竹島》

오구라 신페이(小倉進平), 《朝鮮語方言の研究》(上), 東京: 岩波書店, 1944.

이케우치 사토시(池内 敏), 《日本人の朝鮮觀はいかに形成されたか》, 講談社, 2017.

3. 논문

박병섭, 〈한·일 양국의 독도/竹島 고유영토론의 쟁점〉, 《독도연구》 25호, 영남대학교 독도연구소, 2018.

방종현, 〈독도의 하루〉, 《경성대학 예과신문》 13호, 1947(《一簑 國語學論集》, 민중서관, 1963)

송석하, 〈古色蒼然한 歷史的 遺跡 鬱陵島를 찾아서!〉(1947.12.1.) 《국제보도》 3권 1호, 국제보도연맹, 1948.

양윤정, 〈목판본 조선전도 《해좌전도》의 유형 연구〉, 《문화역사지리》 18권 1호, 한국문화역사지리학회, 2006,

유미림, 〈일본의 울릉·우산 '이도二島'설 부정과 지리지 규식〉, 《영토해양연구》 통권 1호, 동북아역사재단, 2011.

유미림, 〈근대기 조선 지리지에 보이는 일본의 울릉도.독도 인식〉 《영토해양연구》 통권 2호, 동북아역사재단, 2011.

유미림, 〈차자借字 표기 방식에 의한 '석도=독도'설 입증〉, 《한국정치외교사논총》 34집 1호, 한국정치외교사학회, 2012.

유미림, 〈수세收稅 관행과 독도에 대한 실효지배 -1902년 〈울도군 절목〉을 중심으로-〉, 《영토해양연구》 통권 4호, 동북아역사재단, 2012.

유미림, 〈일제 강점기 일본인의 '독도' 호칭〉,《영토해양연구》 통권 5호, 동북아역사재단, 2013.

유미림, 〈1900년 칙령 제41호의 제정 전후 울릉도 '수출세'의 성격〉,《영토해양연구》 통권 7호, 동북아역사재단, 2014.

김병렬·유미림, 〈《竹島問題100問100答》에 대한 비판적 검토, 그리고 우리의 대응〉,《영토해양연구》 통권 7호, 동북아역사재단(기획연구), 2014.

유미림, 〈1905년 전후 일본 지방세와 강치어업, 그리고 독도〉,《영토해양연구》 9호, 동북아역사재단, 2015.

유미림, 〈한국 문헌의 '울릉도·우산도' 기술과 그 계보에 관한 고찰〉,《동북아역사논총》 52, 동북아역사재단, 2016.

유미림, 〈'이소타케시마' 어원에 관한 일고一考〉,《영토해양연구》 12호, 동북아역사재단, 2016.

유미림, 〈대한제국기 관세제도와 〈울도군 절목〉의 세금, 그리고 독도 실효지배〉,《영토해양연구》 13, 동북아역사재단, 2017.

유미림, 〈'덴포 다케시마일건' 연구와 쟁점에 대한 검토〉,《동북아역사논총》 58, 동북아역사재단, 2017.

유미림, 〈18~19세기 일본의 '마쓰시마' 인식의 추이〉,《한국정치외교사논총》 40-1, 한국정치외교사학회, 2018.

유미림, 〈초대 울도 군수 배계주의 행적에 대한 고찰: 일본에서의 소송을 중심으로〉,《한국·동양정치사상사》 17-2, 한국동양정치사상사학회, 2018.

유미림, 〈'안용복 밀사'설에 관한 비판적 고찰〉,《독도연구》 27, 영남대학교 독도연구소, 2019.

유미림, 〈'죽도 고유명칭'설에 대한 비판적 검토〉,《한국정치외교사논총》 42-1, 한국정치외교사학회, 2020.

이기봉, 〈김정호의 靑丘圖 제작 과정과 지도적 특징에 관한 연구〉,《대한지리학회지》 39-3, 대한지리학회, 2004.

이기봉, 〈《청구도》와 《동여도》의 지명 위치 비정에 대한 일고찰〉,《문화역사지리》 17-1, 한국문화역사지리학회, 2005.

이기봉, 〈〈청구도범례〉에 나타난 김정호의 고민과 희망: 지도의 제작과 이용 및 교정 방법〉, 《문화역사지리》, 19-1, 한국문화역사지리학회, 2007.

이기봉, 〈정상기의 《동국지도》 수정본 계열의 제작 과정에 대한 연구〉, 《문화역사지리》 20-1, 한국문화역사지리학회, 2008.

이기봉, 〈국립중앙박물관 소장 《동여》와 《청구도》의 관계에 대한 비판적 재검토〉, 《한국지역지리학회지》 14-3, 한국지역지리학회, 2008.

이기봉, 〈《청구도》 이본 4개 유형의 제작 시기에 대한 검토〉, 《한국지역지리학회지》 15-2, 한국지역지리학회, 2009.

이기봉, 〈19세기 한국에서 김정호의 대중적인 대축척 지도 제작〉, 《한국고지도연구》 8-1, 한국고지도연구학회, 2016.

최남선, 〈울릉도와 독도〉, 서울신문, 1953(육당전집편찬위원회, 《육당 최남선 전집 2》, 현암사, 1973).

최철영·유미림, 〈1877년 태정관 지령의 역사적·국제법적 쟁점 검토: 울릉도쟁계 관련 문서와의 연관성을 중심으로〉, 《국제법학회논총》 제63권 4호, 대한국제법학회, 2018.

호리 가즈오, 〈1905년 일본의 다케시마 영토 편입〉, 1987(현대송 편, 《한국과 일본의 역사인식》, 나남, 2009)

朴炳涉, (書評)〈池內敏 著 《竹島もうひとつの日韓關係史》〉, 《朝鮮史研究會會報》, 209号, 朝鮮史研究會, 2017.

《주간조선》, 조선뉴스프레스, 2019-2020, 2572호(2019.8.26.), 2575호(9.23), 2576호(9.30), 2578호(10.14), 2579호(10.21), 2582호(11.11), 2584호(11.25), 2585호(12.2)

한국 외교부 홈페이지: https://dokdo.mofa.go.kr/kor
일본 외무성 홈페이지:
https://www.mofa.go.jp/mofaj/area/takeshima/index.html